BRANDING + DESIGN

A ESTRATÉGIA NA CRIAÇÃO DE IDENTIDADES DE MARCA

Dados Internacionais de Catalogação na Publicação (CIP)
(Jeane Passos de Souza – CRB 8ª/6189)

Cameira, Sandra Ribeiro
    Branding + design: a estratégia na criação de identidades
de marca / Sandra Ribeiro Cameira. – São Paulo:
Editora Senac São Paulo, 2016.

    Bibliografia.
    ISBN 978-85-396-1139-3

    1. Marcas : Marketing   2. Design de Marcas   3. Identidade
visual   4. Identidade corporativa   I. Título.

16-442s   CDD-658.827
                                              BISAC DES007020

Índice para catálogo sistemático:
1. Marcas: Marketing   658.827

BRANDING + DESIGN

A ESTRATÉGIA NA CRIAÇÃO DE IDENTIDADES DE MARCA

SANDRA RIBEIRO CAMEIRA

Editora Senac São Paulo – São Paulo – 2016

ADMINISTRAÇÃO REGIONAL DO SENAC NO ESTADO DE SÃO PAULO
Presidente do Conselho Regional: Abram Szajman
Diretor do Departamento Regional: Luiz Francisco de A. Salgado
Superintendente Universitário e de Desenvolvimento: Luiz Carlos Dourado

EDITORA SENAC SÃO PAULO
Conselho Editorial: Luiz Francisco de A. Salgado
Luiz Carlos Dourado
Darcio Sayad Maia
Lucila Mara Sbrana Sciotti
Luís Américo Tousi Botelho

Gerente/Publisher: Luís Américo Tousi Botelho
Coordenação Editorial: Ricardo Diana
Prospecção: Dolores Crisci Manzano
Administrativo: Verônica Pirani de Oliveira
Comercial: Aldair Novais Pereira

Edição e Preparação de Texto: Vanessa Rodrigues
Revisão de Texto: Janaina Lira, Gabriela L. Adami (coord.)
Projeto Gráfico e Editoração Eletrônica: Manuela Ribeiro, Thiago Planchart
Capa: Thiago Planchart
Coordenação de E-books: Rodolfo Santana
Impressão e Acabamento: Impress

P. 26: Pintori, Giovanni (1912-1999): Olivetti, 1949. Nova York, Museu de Arte Moderna (MoMA).
Litografia em offset, 37 3/8 × 26 1/4' (95,5 × 66,5 cm). Doação do designer.
© 2016. The Museum of Modern Art, New York/Scala, Florence.

A autora e a Editora Senac São Paulo fizeram todos os esforços para contatar autores das imagens
reproduzidas neste livro e pedem desculpas caso tenha havido algum equívoco nos créditos.
Caso isso tenha acontecido, por favor entre em contato com a editora para que seja corrigido na
próxima edição.

Todos os direitos desta edição reservados à
Editora Senac São Paulo
Av. Engenheiro Eusébio Stevaux, 823 – Prédio Editora
Jurubatuba – CEP 04696-000 – São Paulo – SP
Tel. (11) 2187-4450
editora@sp.senac.br
https://www.editorasenacsp.com.br

© Editora Senac São Paulo, 2016

SUMÁRIO

Nota do editor   7

Prefácio – Carlos Dränger   9

Agradecimentos   13

Apresentação   15

PARTE I   DA MARCA À IDENTIDADE CORPORATIVA   22

1. Evolução dos sistemas de identidade visual   23

2. Marca, identidade visual, identidade corporativa, branding: conceitos   37

3. O olhar do mercado   63

PARTE II   COMPARATIVO DE *CASES*   88

4. Identidade visual Indústrias Villares   89

5. Identidade visual Rodovia NovaDutra   105

6. Branding Global Vale   115

7. Rebranding Penalty   133

8. Análise comparativa   149

Considerações finais   167

Referências   183

NOTA DO EDITOR

Na década de 1990, duas organizações – a mais tradicional companhia aérea brasileira e um dos maiores bancos do país –, precisando redesenhar suas marcas, contrataram um escritório norte-americano para o serviço. O episódio que, em um primeiro momento, despertou indignação entre os designers brasileiros, acabou tornando-se emblemático das mudanças que estavam em curso na área de criação de sistemas de identidade visual. A globalização (mais produtos disputando a atenção dos consumidores), o aumento do consumo e a evolução tecnológica exigiam uma nova postura das empresas em relação à gestão de seu patrimônio e, principalmente, de suas marcas. O branding, oriundo do mundo dos negócios, passava a integrar o desenvolvimento de identidades visuais.

Branding + design descortina para o leitor como esse processo de profunda transformação foi vivenciado pelos profissionais da área e se refletiu nos projetos desenvolvidos no mercado nacional. Para isso, a autora entrevistou os principais arquitetos e designers do país (desde os da chamada "geração pioneira") e analisou quatro casos de redesenho de identidade visual para grandes empresas realizados em épocas bem distintas: 1967, 1997, 2007 e 2008. Os dois primeiros, sem a contribuição do branding; os dois últimos, com participação efetiva da estratégia de marca no processo de criação.

O Senac São Paulo reafirma seu compromisso com o mundo do trabalho ao publicar a presente obra, que já desponta como referência em design ao contextualizar historicamente mudanças ocorridas há pouco tempo, e apresentar os papéis e perfis dos profissionais que atuam no exigente mercado de elaboração e gestão de marcas.

PREFÁCIO

Parece fácil entender a crescente importância das marcas no mundo de hoje. As corporações absorveram, há algum tempo, a convicção de que uma marca forte dispensa maiores esforços de comunicação e vendas, ou seja, reduz custos. Por outro lado, permite maior margem de lucro, simplesmente porque se tornou admirada, e paga-se mais por isso. Ganha-se então nas duas pontas, e consequentemente todo mundo quer ter uma marca forte. Assim, as marcas tornaram-se ativos patrimoniais importantes, e muitas delas passaram a valer fortunas.

Mas a construção de uma marca forte não é tão simples e, felizmente, não se faz com maquiagem, que pode durar por todo um dia, mas não resiste a uma noite de sono. A isso adicionamos o imponderável, aquela dimensão que não se controla, o "que-será-que-será-que-dá-na-gente". O valor das marcas se conecta intimamente com a reputação das organizações e com a homogeneidade de milhões de percepções.

É na velocidade frenética em que caminhamos hoje que vão surgindo as ferramentas para buscar o sucesso na construção de reputações, ferramentas que foram efetivas ontem, mas que atualmente já não o são. Num piscar de olhos passamos da era industrial para o espanto da tecnologia da informação, e agora mergulhamos sem boia na sociedade do conhecimento.

Nessa toada, "cunha-se" o branding, atordoando os fazedores de marca que acreditavam que uma imagem profissional e sistêmica era o suficiente. Foi, por um tempo, de fato. E foi produzida muita coisa boa. Mas não é mais. Porque o que era um sinal de identificação passou a ser aval. Passou a ser atitude, postura e comportamento. A identidade visual assumiu a terceira perna do tripé formado por "quem somos e o que dizemos", "como dizemos" e "como nos apresentamos". E o branding trouxe ferramentas para ajudar a construir essa tríade com consistência, sem a qual o tripé não para de pé.

Assim, o discurso visual casou-se com o discurso verbal, a fim de traduzir a promessa da marca. Nós, outrora felizes designers, aprendemos na marra a construir um posicionamento e a estabelecer um tom de voz para comunicar as mensagens de forma sedutora.

Assim seguimos. Hoje, há um movimento que parece inexorável convergindo para que a missão das empresas vá além do gerar empregos, valor ou dividendos aos acionistas. Para serem admiradas, elas precisam, sobretudo, ter um propósito maior. E a comunicação, o branding e o design têm um papel de importância crescente.

É nesse cenário que Sandra nos traz uma valiosa e dupla contribuição. Dupla porque nos presenteia com um registro particular do desenvolvimento do design no Brasil, que, embora sempre a reboque do dos países desenvolvidos, soube encontrar o seu espaço e a sua identidade. E o que temos registrado disso tudo é parco e disperso, para infortúnio dos nossos estudantes. Valiosa porque a pesquisa que ela nos traz, com visões diferenciadas e insubstituíveis, além de aprofundar toda a discussão conceitual sobre afinal o que é o quê, revela as diversas formas de como o tal do branding foi sendo absorvido, relegado, enaltecido e incorporado por quem ainda hoje trabalha nos maiores projetos de construção de marca por aqui. A precisão de como ela nos conta tudo isso torna a sua leitura e releitura inspiradora, gratificante e altamente recomendável.

Carlos Dränger, arquiteto e designer, é diretor da Cauduro Dränger – empresa sucessora do Cauduro Associados – e possui diversos projetos e artigos publicados.

A Leonardo, com muito amor, para sempre.

AGRADECIMENTOS

Ao professor doutor Marcos da Costa Braga, a meus amigos e familiares e a todos que me apoiaram para possibilitar a realização deste trabalho desde a pesquisa de mestrado.

A todos os profissionais que dispuseram de seu precioso tempo para me atender em entrevistas, conversas, revisões e envio de materiais e autorizações, sem os quais este trabalho não teria sido possível. Em especial, gostaria de mencionar Carlos Dränger e a equipe de comunicação institucional da Vale.

Agradeço, ainda, à Editora Senac São Paulo e a Alécio Rossi, por acreditarem na relevância deste livro e na contribuição que ele pode trazer à história do design no Brasil.

APRESENTAÇÃO

Há alguns anos – desde meados da década de 1990 – venho percebendo uma mudança na maneira com que grandes empresas e marcas têm se apresentado a seus públicos nos vários canais de comunicação. Seja em um anúncio de revista, seja em um comercial de televisão ou, ainda, em um material promocional ou institucional, o discurso das marcas tornou-se mais especificamente direcionado a cada tipo de público e atrelado às intenções de posicionamento das marcas, dando mais destaque aos atributos e benefícios intangíveis que o produto em questão pode oferecer do que à própria finalidade à qual se destina.

Observando esse movimento – e já atuando profissionalmente em escritório de design desenvolvendo projetos de identidade visual corporativa –, pude constatar que esse discurso mais emocional e mais simbólico, em geral, tem sido definido pelo escritório de design já no projeto de construção da marca, e não mais pela agência de propaganda em suas campanhas publicitárias. Algumas marcas já nascem vinculadas a slogans e taglines[1] que expressam sua essência e seus principais atributos.

Sendo a criação de uma marca a etapa imediatamente anterior à sua gestão, o designer pode atuar nesse processo assessorando os gestores não apenas nas questões sintáticas mas também no que tange à estratégia, à arquitetura, às inspirações e às aspirações. Segundo David A. Aaker (2007), a identidade de uma marca deve claramente especificar o que essa marca quer e o que não quer simbolizar.

Para compreender os paradigmas vigentes na construção e na gestão das marcas, faz-se necessário contextualizar, ainda que brevemente, a marca e o que a caracteriza.

No mundo contemporâneo, repleto de estímulos, o desenvolvimento dos meios de comunicação à disposição das marcas permitiu a elas ampliar a área de atuação e de aplicação além da esfera do consumo,

---

[1] Frase curta, distintiva e facilmente reconhecível que acompanha uma marca, leva o que ela promete e, com poucas palavras fáceis de memorizar, capta o tema do anúncio ou comercial em que ela aparece. Os taglines e slogans ficam na memória, como o "Não saia de casa sem ele" de uma conhecida marca de cartão de crédito (Interbrand, 2008, p. 122).

em direção a um crescente número de territórios: as vias públicas, os diversos canais de propaganda, as embalagens, os pontos de venda, a internet, os grandes eventos, dentre outras inúmeras possibilidades. Se por um lado as marcas aumentaram a quantidade e os tipos de mídias pelas quais se divulgam, por outro enfrentam uma maior segmentação dos públicos, que passaram a basear suas escolhas mais vigorosamente nos atributos simbólicos que as marcas transmitem, como confiabilidade no fabricante e no produto, características e benefícios oferecidos e até questões de identificação pessoal com determinada marca. Nesse sentido, o semiólogo Andrea Semprini (2006), um dos maiores especialistas em marcas, enuncia que, assumindo um novo papel em seu processo de evolução, algumas delas se tornaram fortes indicadores de identidade e de agregação coletiva.

Segundo esse autor, a marca moderna, fortemente ancorada na produção industrial e nos produtos, evoluiu em seu papel e em seu significado, transformando-se na marca pós-moderna: uma entidade semiótica, com base no âmbito dos serviços e dotada de um projeto de sentido capaz de gerar um universo de significados para seus públicos de interesse. De acordo com Semprini, essa transformação começou na segunda metade do século XX e teve seu apogeu a partir da segunda metade da década de 1980, em um processo com alternadas fases de expansão e retração do mercado e do consumo, associadas aos ciclos econômicos e também aos contextos social e político de cada época. O semiólogo posiciona a marca pós-moderna na confluência das esferas do espaço social contemporâneo: o consumo, a economia e a comunicação. Considera que as relações das marcas com essas três dimensões não são recentes, mas tiveram uma notável evolução que lhes transformou a própria natureza.

Novos paradigmas de gestão de marcas têm surgido para acompanhar o movimento de globalização, o aparecimento de outras mídias e a crescente segmentação dos mercados. A atividade de criação de identidades visuais para empresas está historicamente ligada à estruturação da primeira geração de designers brasileiros, nos anos 1960, e do próprio campo profissional do design. O branding é uma atividade cada vez mais presente no campo profissional do design. Entretanto, é pequena a quantidade de estudos acadêmicos relacionando a atividade e a metodologia do design à do branding sob o ponto de vista dos designers. Segundo o designer Chico Homem de Melo (2011),

> No final dos anos 1990 começa a circular o termo bran-
> ding. A ideia de "gerir marcas" em vez de "projetar sistemas
> de identidade visual" ganharia corpo e se consolidaria na
> primeira metade do século XXI. O branding pode ser enten-
> dido como a expansão do conceito original modernista de
> construção de identidades; sob esse ponto de vista, essa
> atividade passa a ser o "projeto de sistemas de identidade",
> abordados agora em sua totalidade, e não apenas em sua
> dimensão visual. (Melo, 2011, p. 614)

Esse novo cenário no campo do design gráfico é o tema da investigação que resultou em dissertação de mestrado apresentada à Faculdade
de Arquitetura e Urbanismo da Universidade de São Paulo (FAU-USP),
sob a orientação do professor doutor Marcos da Costa Braga. A dissertação recebeu Menção Honrosa no 28º Prêmio Design do Museu da
Casa Brasileira, em 2014, na categoria de trabalhos acadêmicos não
publicados, e deu origem a este livro. Busquei investigar a introdução
do branding nos escritórios de design brasileiros a partir da década de
1990 e o impacto de tal prática nesses escritórios. Teria havido uma
mudança de paradigma na metodologia dos projetos de identidade
visual em relação aos projetos executados nas décadas anteriores?

Essa questão levou a outras perguntas para o entendimento da forma
pela qual as duas disciplinas – design e branding – se integraram, bem
como das consequências práticas desse processo:

- Como os conceitos e fundamentos teóricos da gestão de marcas
  – ou branding – foram incorporados à metodologia anteriormente
  adotada nos escritórios de design que, tradicionalmente, emba-
  savam suas práticas nos fundamentos das escolas racionalista e
  suíço-alemã?
- O que motivou os escritórios de design a incorporarem a prática do branding em sua metodologia: foi um movimento recípro-
  co entre os profissionais de design e de marketing, houve uma
  demanda inicial de uma das partes ou foi uma demanda oriunda
  dos clientes?
- Sobre quais conceitos teóricos de branding os designers fundamentam sua nova atuação: as teorias clássicas de administração e
  marketing ou uma metodologia própria do escritório?

- A inclusão de equipes multidisciplinares na rotina do projeto pro-porcionou uma nova forma de elaboração do pensamento do designer na busca da solução ideal para a construção de uma marca?
- Como deve ser o perfil do designer que atua em um escritório que utiliza o branding em sua metodologia? Quais novas disciplinas ele deve dominar?
- De que maneira os profissionais dos escritórios de design adquiri-ram formação teórica e capacitação para dominar os conceitos e as ferramentas do branding?
- A inclusão do branding na metodologia tornou-se um diferencial competitivo do escritório?

Com base nessas questões, procurei compreender a contribuição e as mudanças provocadas pelo branding – uma disciplina proveniente das escolas de administração e marketing – na metodologia de pro-jetos de identidades visuais, já que os designers brasileiros, em sua maioria, tiveram sua formação pautada sob os princípios e concei-tos da Bauhaus e da escola racionalista e funcionalista de design dos anos 1950 e 1960, cujas práticas baseavam-se nas relações "a forma segue a função" ancoradas nas leis da geometria e da Gestalt[2] e em um pensamento muito mais sintático e pragmático do que semântico e subjetivo.

Para essa finalidade, foram entrevistados profissionais titulares de catorze escritórios de design brasileiros especializados em projetos de identidade visual e três consultorias de branding estabelecidos em São Paulo e no Rio de Janeiro. Os designers representam diferentes gerações, com formação profissional de épocas e instituições distin-tas. Dessa maneira, foi possível obter uma visão mais ampla da forma como essas mudanças foram introduzidas e incorporadas ao longo do tempo, tendo em vista possíveis diferenças repertoriais e metodológi-cas, da concepção do projeto até a solução final.

---

2   Escola de psicologia experimental do século XIX. Segundo Gomes Filho (2004, p. 18), a teoria da Gestalt sugere uma resposta ao porquê de algumas formas agradarem e outras, não. "Esta maneira de abordar o assunto vem opor-se ao subjetivismo, pois a psicologia da forma se apoia na fisiologia do sistema nervoso, quando procura explicar a relação do sujeito-objeto no campo da percepção."

Com o objetivo de melhor expor e confrontar tais diferenças, foram analisados, como objetos de estudo comparado, quatro projetos de identidade visual realizados por algumas das empresas pesquisadas. Dois deles, Villares (1967) e NovaDutra (1997), não incluíam a criação da estratégia de branding. Os outros dois, Vale (2007) e Penalty (2008), incluíam.

Primeiramente, os projetos foram classificados segundo seus escopos – se incluíam ou não o trabalho de branding. Após essa classificação inicial, os trabalhos foram examinados em duplas, em uma análise entre aqueles que não contemplavam o trabalho de branding e os que contemplavam, para identificar, nos dois contextos, em quais particularidades os projetos se diferenciavam ou se assemelhavam.

Com isso, pretendeu-se apurar se a incorporação do branding ao projeto representou uma completa mudança de paradigma na metodologia de construção de marcas ou um desenvolvimento (ou evolução) em relação ao método anterior.

Assim, a presente obra está organizada em duas partes.

A primeira é composta pela exposição de definições e contextos inerentes aos universos do design, das marcas e do branding. Ainda nessa primeira parte, os profissionais entrevistados discorrem sobre a inclusão do branding na criação dos sistemas de identidade visual. Esse "olhar do mercado" não apenas embasa este estudo como também amplia a percepção de estudantes e profissionais de design gráfico a respeito do campo em que atuam.

A segunda parte consiste na apresentação dos quatro casos citados e na comparação destes. Um grande quadro-resumo sintetiza os resultados, facilitando a consulta e o entendimento do leitor.

As considerações conclusivas, ao refletir sobre as principais mudanças ocorridas nos escritórios de design com a introdução do branding no escopo do projeto de construção de marca, abordam as competências profissionais que os designers devem possuir para atender às novas demandas.

A importância de documentar e evidenciar esse novo estado da arte no campo do design, em projetos de identidade visual corporativa, reside no melhor conhecimento de uma das realidades contemporâneas que atuam sobre um dos projetos mais tradicionais feitos por designers brasileiros em sua história. Também contribui para a atualização profissional no segmento, enriquecendo a bibliografia especializada sobre design associado ao branding e introduzindo conceitos e fundamentos teóricos sobre branding no repertório conceitual do designer, para, assim, poder conduzi-lo a uma abordagem mais estratégica na criação, na construção e na gestão de marcas corporativas, acompanhando a tendência do mercado de design.

PARTE I
DA MARCA À IDENTIDADE CORPORATIVA

CAPÍTULO 1

EVOLUÇÃO DOS SISTEMAS DE IDENTIDADE VISUAL

Desde a Antiguidade registra-se a existência das marcas como elementos de identificação. No entanto, esta pesquisa faz um recorte temporal, analisando o contexto histórico a partir do surgimento das marcas modernas, na segunda metade do século XIX, quando, pela Revolução Industrial, os produtos e bens de consumo passaram a ser produzidos em larga escala e tornaram-se acessíveis às diferentes camadas da população. A crescente diversificação de produtos passou a exigir a criação de sinais visuais que os diferenciassem e identificassem sua origem, garantindo aos consumidores sua procedência e qualidade. Essas marcas tinham como principal missão a identificação de produtos e produtores, para que eles pudessem novamente ser reconhecidos e consumidos ao longo do tempo.

Joan Costa (2011) afirma que a marca moderna nasceu de um nome registrado e, sobre essa base, garantir-se-ia a divulgação boca a boca, que despertaria a confiança do consumidor. O respaldo constante da marca era a garantia de responsabilidade do fabricante. O autor a define como um signo sensível, ao mesmo tempo verbal e visual. Verbal porque possui um nome e circula por entre as pessoas. E o que não se pode denominar não existe. Visual porque, para fixar-se no espaço visível – e não somente no audível –, a marca precisa estabilizar-se e mostrar-se constantemente sobre suportes diversos. Assim, diz Costa, os signos verbal e visual são a matéria sensível da marca.

Segundo Phillip Meggs (2009),

> a Revolução Industrial, com sua fabricação e comercialização em massa, aumentou o valor e a importância de marcas registradas para identificação visual. Porém, os sistemas de identidade visual que surgiram nos anos 1950 iam muito além das marcas ou símbolos. (Meggs, 2009, p. 523)

Nesse sentido, é sabido que o primeiro sistema de identidade visual corporativa foi criado por Peter Behrens para a empresa AEG,[1] na Alemanha, no início do século XX (em 1907). A direção da AEG vislumbrou a importância de se identificarem as manifestações visuais da empresa de forma coordenada e reuniu uma equipe de profissionais para conceber um projeto que incluiu desde a criação do logotipo da empresa até a de produtos e de materiais publicitários. Segundo Joan Costa (2011, p. 77), "com essa ideia integradora, que superava totalmente a prática exclusivamente gráfica da marca naquela época, a AEG se antecipava em uma disciplina que, não obstante, levaria ainda meio século para estabelecer-se: a identidade corporativa". Ainda segundo o autor, a inovação da AEG consistiu em incorporar à sua equipe dois profissionais até então totalmente alheios ao quadro pessoal das empresas: o arquiteto, desenhista industrial e artista gráfico alemão Peter Behrens e o sociólogo austríaco Otto Neurath. Costa informa que ambos foram encarregados da missão de conceber um "estilo" de empresa que alcançaria tanto a produção, a comunicação, as mensagens, os objetos e os ambientes como as relações internas e externas, comerciais e institucionais. O trabalho de Behrens para a AEG é considerado o primeiro projeto completo de identidade visual da história.

A companhia italiana fabricante de máquinas de escrever Olivetti também se destacou como uma das primeiras empresas a investir no design dos seus produtos e dos seus materiais de comunicação. Em 1936, a empresa contratou Giovanni Pintori para o departamento de publicidade. Pintori desenhou o logotipo da Olivetti e por 31 anos

---

1   Allgemeine Elektricitäts-Gesellschaft, empresa alemã produtora de equipamentos elétricos, fundada em 1885.

imprimiu um estilo visual próprio às imagens da Olivetti, que se tornaram notáveis, a exemplo da série de cartazes de divulgação dos produtos da companhia. Segundo Meggs (2009, p. 523), "a identidade foi alcançada não por um programa sistematizado, mas pela aparência geral dos materiais promocionais".

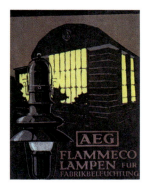

Figura 1.1

Peter Behrens projetou para a AEG edifícios, escritórios, fábricas, estabelecimentos comerciais, produtos elétricos e objetos, marcas, cartazes, anúncios, folhetos e catálogos, em um esforço de coerência para criar, pela primeira vez, um estilo corporativo.

Fonte: Meggs, 2009.

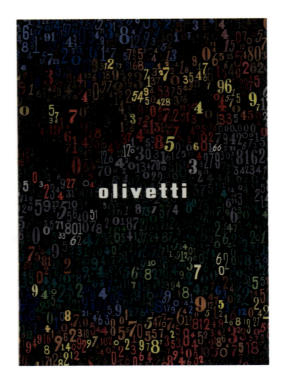

Figura 1.2

Cartaz projetado por Giovanni Pintori para a Olivetti em 1949.

Fonte: Meggs, 2009.

Bauhaus, Escola de Ulm e o Estilo Internacional

É importante registrar aqui a influência da Bauhaus e da Hochschule für Gestaltung (HfG, a Escola Superior da Forma de Ulm) no trabalho dos designers que, a partir da década de 1950, desenvolveram o trabalho de design corporativo. A Bauhaus foi criada em 1919, em Weimar, Alemanha, por Walter Gropius, com o idealismo de unir artesãos e artistas na construção de novos padrões de qualidade e estética para a indústria e a arquitetura, visando, ainda, resolver os problemas de design decorrentes da industrialização. A ideologia da escola – conhecida por funcionalismo ou racionalismo – pregava que todo elemento supérfluo ou qualquer adorno que não tivesse uma função deveria ser eliminado do projeto, fosse o objeto em questão um produto, um móvel ou um projeto de arquitetura.

As ideias e teorias sobre forma, cor e espaço foram disseminadas e incorporadas ao universo do design por meio de diversos artistas ligados aos movimentos de vanguarda da época, como Paul Klee, Kandinsky e Moholy-Nagy, por exemplo.

Segundo Meggs (2009), o cerne da formação da Bauhaus era um curso introdutório criado por Johannes Itten cujos objetivos consistiam em liberar a capacidade criativa de cada aluno, desenvolver uma compreensão da natureza física dos materiais e ensinar os princípios fundamentais do design subjacentes a toda arte visual.

O foco da Bauhaus e da Escola de Ulm – sua sucessora – se constituía na economia e na produção industrial, e o design de marcas não era tratado como uma disciplina importante. No entanto, sua ideologia incutiu nos docentes e nos alunos o espírito de síntese, ordem e precisão que alcançou a arquitetura, a fotografia, o design industrial e a tipografia e, inevitavelmente, influenciou também o design das marcas. Nesse contexto, Joan Costa (2011, p. 79) afirma que "a simplicidade da forma retirou, assim, as ilustrações das velhas marcas, deixou-as mais abstratas, levou-as cada vez mais para perto do signo".

Rafael Cardoso (2008) destaca um paradoxo a respeito do Estilo Tipográfico Internacional (mais conhecido apenas como Estilo Internacional) propagado pela Bauhaus, o qual contestava a ordem capitalista com base na ideia de que a criação de formas universais reduziria as desigualdades e promoveria uma sociedade mais justa. No entanto, nas décadas de 1950 e 1960, esse estilo foi adotado pela maioria das corporações multinacionais. Nesse sentido, o autor afirma:

> A cultura corporativa incipiente reconheceu no design funcionalista atrativos irresistíveis como austeridade, precisão, neutralidade, disciplina, ordem, estabilidade e um senso inquestionável de modernidade, todas qualidades que qualquer empresa multinacional desejava transmitir para seus clientes e funcionários. (Cardoso, 2008, p. 170)

Também Meggs (2009) destaca a importância do trabalho de Norman Ives no design corporativo, influenciado pelas lições de Josef Albers na Bauhaus. O autor cita uma declaração de Ives, em 1960, ao descrever a missão do designer no projeto de identidades, que ratifica o pensamento modernista e racionalista vigente na época:

Um símbolo é uma imagem de uma companhia, uma instituição ou uma ideia que deve transmitir, por afirmação clara ou por sugestão, a atividade que ela representa. [...] O símbolo, além de ser pregnante e legível, deve ser projetado de modo a poder ser usado em muitos tamanhos e situações, sem perder sua identidade. O designer deve distorcer, unificar e criar uma nova forma para a letra, para que seja única, mas tenha os atributos necessários para ser reconhecida como letra. Não há nenhuma parte do símbolo que possa ser eliminada sem destruir a imagem que ele cria. É uma verdadeira Gestalt, na qual o efeito psicológico da imagem total é maior do que sugeriria a soma de suas partes. (Meggs, 2009, p. 529)

Por todo o período em que existiu (de 1919 a 1933) nas três cidades alemãs onde esteve sediada – Weimar, Dessau e Berlim –, a Bauhaus vivenciou tensões e conflitos de ordem política, provocados pelo governo alemão, e ideológicos, por divergências entre os próprios diretores da escola em relação ao sistema de ensino. A escola foi fechada por ordem do governo nazista em 1933, acusada de divulgar ideias socialistas. Seus principais docentes se dispersaram pelo mundo, emigrando principalmente para a América do Norte.

O êxodo para os Estados Unidos propagou o Estilo Internacional no país e contribuiu para o surgimento de cursos de design em universidades norte-americanas. Em 1937, Gropius e Marcel Breuer já lecionavam arquitetura na Universidade de Harvard, e Moholy-Nagy criou a Nova Bauhaus, um instituto de design, em Chicago. Meggs (2009) afirma que as realizações e influências da Bauhaus transcenderam os catorze anos de vida da instituição.

Segundo o autor,

a escola criou um movimento viável e moderno de design, abrangendo arquitetura, design de produto e comunicação visual. [...] Ao dissolver as fronteiras entre belas-artes e arte aplicada, a Bauhaus tentou trazer a arte para uma relação íntima com a vida por meio do design, que era visto como um veículo para a mudança social e a revitalização cultural. (Meggs, 2009, p. 414)

Nas décadas subsequentes ao fim da Segunda Guerra Mundial, os Estados Unidos viveram uma era de acentuada expansão industrial, com o desenvolvimento de grandes corporações que comercializavam produtos e serviços. Esse processo e também a imigração de importantes designers para a América do Norte após o fechamento da Bauhaus favoreceram o desenvolvimento do campo do design gráfico no país. Ao longo das décadas de 1950 e 1960, os Estados Unidos já contavam com designers e escritórios especializados em projetos de identidade visual corporativa, como Paul Rand, Chermayeff & Geismar e Lippincott & Margulies.

Phillip Meggs (2009, p. 525) destaca o aparecimento de uma filosofia e um enfoque corporativos na publicidade norte-americana no final dos anos 1940 e no início dos anos 1950, quando os anúncios eram criados por profissionais internos das empresas e não mais por agências externas. Isso impulsionou a contratação de grandes artistas, publicitários e designers para desenvolver trabalhos de alto nível artístico para as corporações, com uma abordagem unificada em marketing e outros trabalhos gráficos. Como exemplo, o autor cita o trabalho de quase duas décadas realizado por William Golden, que atuou como diretor de arte na rede de televisão norte-americana CBS. Segundo Meggs, Golden conclamava os designers a terem um senso de responsabilidade e um entendimento racional da função de seu trabalho. Definiu a palavra design como um verbo "que significa projetar algo para ser comunicado a alguém" e acrescentou que a função principal do designer é garantir que a mensagem seja transmitida precisa e adequadamente.

A herança da Bauhaus e da escola racionalista dos anos 1950 influenciou o design de forma geral, assim como o projeto de Behrens para a AEG abriu caminho para o surgimento de um novo paradigma na criação de programas de identidade visual corporativa, o qual se consolidou nos anos 1970.

O designer norte-americano Paul Rand se distinguiu por projetar uma série de notáveis marcas e identidades visuais corporativas, dentre as quais se destacam os projetos para a Westinghouse, a American Broadcasting Company (ABC) e a International Business Machines (IBM). Todos esses exemplos denotam uma preocupação do designer em simplificar e reduzir as formas para conferir-lhes um caráter atemporal e universal. "Ele percebeu que, para funcionar por um longo período de tempo, uma marca deveria ser reduzida a formas elementares que fossem universais, visualmente únicas e estilisticamente atemporais" (Meggs, 2009, p. 529).

Figura 1.3
Evolução dos logos da IBM: 1956, 1967 e 1972.

Fonte: http://www.paul-rand.com/foundation/identity/#prettyPhoto. Acesso em 8-4-2013.

A marca da IBM talvez tenha sido a mais famosa concebida por Rand. Ele a desenvolveu em 1956 a partir do desenho de uma tipologia – o tipo City Medium – e, com o passar dos anos, modernizou-a, introduzindo novas versões (em 1967 e em 1972), sempre a partir de redesenhos que a revitalizavam sem, entretanto, descaracterizá-la.

Rand projetou não apenas a marca da IBM mas também uma série de outros materiais institucionais para a empresa, de cartazes a embalagens para produtos, construindo, assim, um padrão de linguagem visual para a companhia. De acordo com Meggs, por meio de consultores como Rand e seus departamentos internos de design, a IBM conseguiu implementar um programa de design flexível o bastante para não sufocar a criatividade dos designers, que trabalhavam dentro das diretrizes estabelecidas. O autor cita a declaração de Eliot Noyes, diretor consultivo em design da IBM no final dos anos 1950, sobre o objetivo do programa de design da empresa: "Expressar o caráter extremamente avançado e atualizado de seus produtos. Para este fim não estamos procurando um tema, mas uma coerência projetual que se torne efetivamente uma espécie de mote, mas um mote muito flexível" (Meggs, 2009, p. 530).

Figura 1.4
Embalagens projetadas para a IBM dentro de um padrão de linguagem visual.

Fonte: Meggs, 2009.

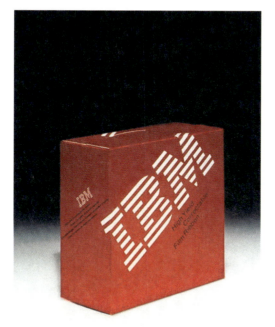

Sistemas de identidade visual

Ao longo da década de 1960, começaram a surgir programas de design altamente sistematizados, decorrentes da influência que o Estilo Internacional exercia sobre o movimento de construção de identidades visuais. O sistema de identidade visual da companhia aérea alemã Lufthansa é um clássico exemplo. Ele foi inteiramente concebido e desenvolvido por integrantes da Escola de Ulm, por Otl Aicher e uma equipe de mais três designers. O sistema contemplava todas as necessidades de comunicação visual e design de produto de uma corporação. Foram feitas padronizações de materiais, considerando o melhor aproveitamento para uma produção econômica, em peças que iam desde a papelaria e embalagens até a identificação de uniformes e aeronaves. "O programa de identidade corporativa da Lufthansa se tornou um protótipo internacional para sistemas fechados de identidade, com todos os detalhes e especificações dirigidos para a uniformidade absoluta" (Meggs, 2009, p. 535).

Design de identidades visuais no Brasil

No Brasil, a área do design de identidade visual começou a ganhar força no final dos anos 1950 e no início da década de 1960, quando se intensificaram, no país, os processos de urbanização e industrialização e também se difundiram os meios de comunicação de massa.

Na década de 1950, a arte concreta ganhou projeção, com destaque para a atuação dos artistas paulistas do Grupo Ruptura, formado em 1952 e que abandonou todos os tipos de representação figurativa, propondo a abstração geométrica relacionada à reprodutibilidade. Vários artistas do movimento transpuseram a fronteira das artes plásticas e atuaram também como designers, criando projetos de identidade visual para empresas e também embalagens para produtos de consumo. Como exemplo, incluem-se as criações de Willys de Castro para a Mobília Contemporânea e para a Tintas Cil (Stolarski, 2006) e de Maurício Nogueira Lima com a programação visual para a primeira Feira Internacional da Indústria Têxtil (Fenit), em São Paulo.

Figura 1.5
Marca gráfica projetada por Willys de Castro.
Fonte: Stolarski, 2006.

Figura 1.6
Projeto gráfico Tintas CIL de Willys de Castro.
Fonte: Stolarski, 2006.

Na mesma década, o ensino do design também deu seus primeiros passos no país, quando, em 1951, Pietro Maria Bardi e Lina Bo Bardi criaram o curso do Instituto de Arte Contemporânea do Museu de Arte de São Paulo (IAC/Masp), em São Paulo, inspirado na Bauhaus e no curso de Moholy-Nagy, em Chicago. Alunos do IAC, posteriormente, consagraram-se importantes designers brasileiros, a saber: Alexandre Wollner, Ludovico Martino e Emilie Chamie, dentre outros.

Em 1954, Alexandre Wollner, após o fim do curso no IAC/Masp, recebeu de Geraldo de Barros a oportunidade de estudo na mais importante escola de design da Europa. No mesmo ano, partiu para a Alemanha, onde estagiou com Otl Aicher. Em janeiro de 1955, iniciou os estudos na Escola Superior da Forma de Ulm.

As décadas de 1960 e 1970 foram vitais para a criação e o amadurecimento do campo da identidade visual no Brasil e, consequentemente, para a consolidação dos mais importantes escritórios brasileiros de design gráfico da época, já que esta foi a atividade principal exercida pela geração pioneira de designers, da qual se destacam os nomes de Alexandre Wollner, João Carlos Cauduro, Ludovico Martino, Aloísio Magalhães e Ruben Martins.

Em 1958, Wollner desenvolveu, no escritório Forminform, um dos mais representativos trabalhos do estilo racionalista vigente na época: o sistema de identidade visual para a Sardinhas Coqueiro. O projeto incluía a criação de uma nova marca gráfica e uma nova linha de embalagens para o produto, além dos anúncios de lançamento da nova identidade, veiculados na revista Manchete. Segundo Mariana Jorge (2009, p. 83), "Wollner lembra que a chance de unificar toda a Gestalt de uma indústria foi uma oportunidade rara na época".

Ainda segundo a autora, o sistema de identidade visual das embalagens da Sardinhas Coqueiro é considerado um clássico do design brasileiro, tendo se mantido no mercado por cerca de quarenta anos. Ele é frequentemente reconhecido como um dos mais importantes projetos da geração pioneira no Brasil.

Figura 1.7

Logotipo e símbolo da Sardinhas Coqueiro (1958), e o elemento gráfico de apoio utilizado nas embalagens.

Fonte: arquivo de Alexandre Wollner.

O contexto socioeconômico brasileiro na década de 1960 favoreceu vigorosamente o surgimento e a implantação das escolas superiores de desenho industrial ancoradas nas referências e nos paradigmas da Escola de Ulm, proporcionando aos estudantes brasileiros aspirantes à carreira de desenhistas industriais uma formação sólida e consistente.

Os mesmos paradigmas – eficácia perceptiva, pragmatismo visual, sistematização, ênfase moral no valor de uso e disciplina metodológica – nortearam a atuação dos designers brasileiros na construção de projetos de identidade visual a partir da década de 1970. Trabalhos apresentados em 1977, no seminário Panorama da Identidade Visual, revelaram o amadurecimento da atuação desses profissionais que, inspirados nos mesmos princípios, conseguiram desenvolver um caminho próprio em seus projetos. Segundo o designer André Stolarski (2006), Alexandre Wollner seguiu com mais rigor as matrizes ulmianas, Aloísio Magalhães incorporou aos projetos a pesquisa formal e os códigos da cultura local brasileira, e João Carlos Cauduro e Ludovico Martino, aproximando-se das correntes italianas, ampliaram o campo de atuação gráfico, incorporando o trabalho do arquiteto, incursionando pelo design ambiental e desenvolvendo sistemas de porte inédito.

Ao final da década de 1970, o campo de identidade visual no Brasil evoluíra e se consolidara não apenas pela prática profissional mas também pelos clientes, que contratavam os serviços dos designers e dos escritórios de design para desenvolverem projetos de identidade visual com diferentes escalas de profundidade, extensão e complexidade. O legado dos designers da geração pioneira – em especial Alexandre Wollner, Cauduro/Martino e Aloísio Magalhães – influencia até hoje todas as gerações de designers que surgiram posteriormente.[2]

---

2   Para mais informações sobre a história e os conceitos do campo do design de identidades visuais no Brasil desde o seu surgimento, na década de 1960, até o fim da década de 1970, ver Cameira (2012).

CAPÍTULO 2

MARCA, IDENTIDADE VISUAL, IDENTIDADE CORPORATIVA, BRANDING: CONCEITOS

Para compreender a evolução das marcas e da identidade corporativa, e como esses conceitos convergiram para o contexto de uma atividade unificada – o branding ou a gestão da marca –, cabe apontarmos aqui o desenvolvimento das definições desses elementos no cenário pós-moderno pelo ponto de vista dos autores estudados na pesquisa que resultou neste livro.

Marca

O conceito de marca tem sido estabelecido sob pontos de vista distintos: os mais utilizados em marketing focam a identificação e a diferenciação de bens e serviços, mas existem abordagens que situam a marca em um contexto mais emocional e subjetivo.

Segundo a American Marketing Association, presente no livro de Kotler (1991, p. 442), "uma marca é um nome, sinal, símbolo ou design, ou uma combinação de todos esses elementos, com o objetivo de identificar os bens ou serviços de um vendedor e diferenciá-los de seus concorrentes".

Já para Aaker (1998),

> marca é um nome diferenciado e/ou símbolo (tal como um logotipo, marca registrada ou desenho de embalagem) destinado a identificar os bens ou serviços de um vendedor ou de um grupo de vendedores e a diferenciar esses bens e serviços daqueles dos concorrentes. (Aaker, 1998, p. 7)

A Associação dos Designers Gráficos (ADG, 2000, p. 71) define marca como "design, nome, símbolo gráfico, logotipo ou combinação desses elementos, utilizado para identificar produtos ou serviços de um fornecedor/vendedor e diferenciá-los dos demais concorrentes".

Para Clotilde Perez (2004, p. 10), "marca é uma conexão simbólica e afetiva estabelecida entre uma organização, sua oferta material, intangível e aspiracional e as pessoas às quais se destina".

Já a jornalista e ativista canadense Naomi Klein (2004, p. 29) estabelece "marca como o sentido essencial da corporação moderna".

A designer Alina Wheeler (2008, p. 12) entende que "marca é a promessa, a grande ideia e as expectativas que residem na mente de cada consumidor a respeito de um produto, de um serviço ou de uma empresa. [...] A marca é como a escrita manual. Ela representa alguma coisa". Ainda segundo Wheeler,

> a marca entrou no dicionário de todos. O termo é como um camaleão: o significado pode mudar de acordo com o contexto. [...] A marca tornou-se um sinônimo do nome de uma empresa e da sua reputação. As marcas estão gravadas em nossa vida diária, como em "vamos xerocar isto" ou "essa máquina não é uma Brastemp". A obra de Andy Warhol e Heidi Cody lembra-nos da força sempre presente das marcas como símbolos culturais. Mesmo aqueles que não sabem com clareza o que é uma marca desejam uma. (Wheeler, 2008, p. 12)

A consultoria de branding e avaliação de marcas Interbrand publicou, em 2008, um glossário de marcas que define o termo marca de forma abrangente e sob diferentes perspectivas:

> Marca é uma mistura de atributos tangíveis e intangíveis, simbolizados por uma marca registrada que, quando tratada de forma apropriada, cria valor e influência. O "valor" tem diferentes interpretações: na perspectiva do mercado ou do consumidor é a promessa e o cumprimento de uma experiência; na perspectiva empresarial é a segurança de lucros futuros; na perspectiva da lei é uma peça independente com propriedade intelectual. As marcas simplificam as tomadas de decisão, representam uma certeza de qualidade e oferecem alternativas relevantes, diferenciadas e com credibilidade em meio às ofertas da concorrência. (Interbrand, 2008, p. 20)

Em todas essas definições, há um consenso de que as funções essenciais de uma marca são identificar e diferenciar. Algumas definições propõem uma abordagem mais ampla e subjetiva, que posiciona a marca como elemento pertencente a um sistema mais complexo de geração de valores tangíveis e intangíveis para as empresas e os consumidores. Nesse sentido, Joan Costa (2011) declara as marcas como sistemas complexos, dotados de elementos interdependentes, que precisam ser gerenciados e coordenados com eficiência, numa gestão que deve combinar e controlar os elementos reais e simbólicos da marca, assim como os seus suportes e os meios que servem para difundir o seu discurso.

Deve-se considerar também a expressão "marca gráfica", que a cada dia vem sendo adotada por mais designers para nomear o conjunto símbolo e logotipo, uma vez que o termo marca pode estar associado também a uma dimensão imaterial e subjetiva, como alguns dos autores citados definiram. Portanto, neste livro se adotou a expressão "marca gráfica" para se referir ao conjunto de símbolo e logotipo.

Identidade visual e sistema de identidade visual

O designer Gilberto Strunck (2001, p. 57) define identidade visual como o conjunto de elementos gráficos que vão formar a personalidade visual de um nome, uma ideia, um produto ou um serviço. Segundo o autor, esses elementos devem informar substancialmente, à primeira vista, estabelecendo um nível ideal de comunicação com quem os vê.

Segundo o glossário de termos e verbetes da ADG (2000, p. 59), identidade visual é "o conjunto sistematizado de elementos gráficos que identificam visualmente uma empresa, uma instituição, um produto ou um evento, personalizando-os, tais como um logotipo, um símbolo gráfico, uma tipografia, um conjunto de cores".

De forma geral, há um consenso entre as fontes consultadas para a definição de identidade visual como algo de natureza física e tangível, percebido e decodificado pelo sentido da visão.

Merece destaque uma discussão de ordem terminológica identificada ao longo das consultas bibliográficas e nas entrevistas realizadas com profissionais da área para o presente trabalho. Em várias fontes consultadas, as expressões "construção de identidade visual" e "construção de identidade de marca" foram empregadas com diferentes enfoques: a primeira refere-se ao projeto de identidade visual restrito à criação da marca gráfica e de suas manifestações visuais, como papelaria, frota e uniformes, dentre outras. A segunda está associada a um processo mais abrangente que entende a marca como uma mistura de atributos tangíveis e intangíveis, simbolizados por um sinal gráfico (a marca gráfica). Portanto, o processo de construção de uma marca envolve não apenas a criação do seu sinal gráfico, mas também a determinação da sua estratégia e dos seus principais atributos simbólicos, ou do projeto de sentido dessa marca.

Andrea Semprini (2006, p. 124) enuncia que "é a identidade de uma marca que o público conhece, reconhece e, eventualmente, aprecia". Segundo o autor, a identidade funciona de maneira metonímica para exprimir, de forma rápida, condensada e simplificada a grande variedade de significados e de nuanças das manifestações da marca. "É a identidade que define em poucas palavras a missão, a especificidade e a promessa da marca" (Semprini, 2006). Para Jean-Marie Floch (apud Semprini, 2006), a identidade de uma marca se baseia na dialética entre seus componentes em duas dimensões: uma, sensível – de expressão e do significante –; outra, inteligível – do conteúdo e do significado (ver figura 2.1). Segundo a teoria de Floch, cada um desses planos apresenta dois componentes: um variável e outro invariável. O autor postula a identidade de uma marca como algo dinâmico, mas que pode ser considerada "identidade" no sentido amplo da palavra por ter também a capacidade de conservar uma dimensão invariável. Assim, pode-se entender que o autor considera a identidade visual como essa dimensão invariável – ou sensorial – da marca, e os atributos intangíveis de sua identidade – os valores, a visão e a essência – como a dimensão inteligível e invariável. Semprini (2006, p. 140) conclui que, segundo a teoria de Floch, "a identidade se constrói e se define pelo desdobramento narrativo, tornando-se reconhecível graças ao seu caráter invariável". Em nosso entendimento, é exatamente nessas duas dimensões que o designer pode intervir com o projeto de construção de marca, tanto no sistema visual como no de geração de sentido da marca, por meio da estratégia de branding.

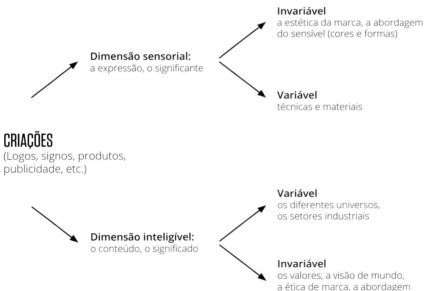

Figura 2.1

A integração de marca segundo Jean-Marie Floch.

Fonte: Semprini, 2006, p. 139.

Considerando, pois, o universo de aplicação dos elementos da identidade visual, chegamos ao conceito de sistema de identidade visual. Segundo Mariana Jorge (2009), sistema de identidade visual nada mais é do que todos os elementos da identidade visual de uma marca aplicados de forma sistematizada. De acordo com a designer, esse movimento de sistematização surgiu nas grandes corporações a partir da década de 1960, diante da necessidade de controlar a grande quantidade de mensagens visuais que se emitiam de forma descoordenada. O designer Chico Homem de Melo (apud Jorge, 2009, p. 49) ressalta que o objetivo era "estabelecer parâmetros capazes de garantir a construção de uma identidade pública compatível com suas características e interesses" a fim de transmitir uma imagem única e coesa. No mesmo contexto, o designer declara que

> o processo evolutivo desse raciocínio levou à consolidação do conceito de sistema de identidade visual. A peça-síntese desse ideário é o manual de identidade visual. Graças à sua inegável eficiência, ele atingiu um estágio próximo à cristalização, tornando-se um receituário aplicado de maneira quase automática: signo de comando claro, conciso e pregnante; família de assinaturas; código cromático e tipográfico; princípios diagramáticos; usos permitidos e proibidos e assim por diante. (Melo *apud* Jorge, 2009, p. 34)

Identidade corporativa

Segundo qualquer dicionário da língua portuguesa, uma das definições do termo "identidade" refere-se ao conjunto de características que torna alguém único no mundo, como nome, profissão, sexo, impressões digitais, etc., o qual é considerado exclusivo desse ser e, consequentemente, considerado quando ele precisa ser reconhecido.

Para Ligia Fascioni (2010, p. 22), "a identidade de alguém pode ser comprovada por um exame de DNA, que é o conjunto de informações genéticas contido na estrutura de moléculas orgânicas de cada pessoa, que a faz especial e distinta de todas as demais". Para uma empresa ou corporação, Fascioni utiliza uma metáfora e declara que a identidade corporativa é o DNA da empresa: o conjunto de atributos que a faz única e diferente de todas as outras. A autora esclarece que identidade corporativa é "o conjunto de atributos tangíveis e intangíveis que definem quem a empresa é na sua essência" (Fascioni, 2010). A marca gráfica, o nome, o ambiente, o atendimento, a missão, a visão, os documentos e a propaganda são apenas manifestações físicas da identidade.

Fascioni classifica tais atributos da identidade corporativa como essenciais e acidentais. Os essenciais são aqueles relacionados ao caráter; representam a essência e praticamente não mudam. Sofrem variações sutis de ênfase ao longo do ciclo de vida. Os acidentais estão relacionados com as manifestações físicas, materiais e conjunturais. Mudam com frequência e se alinham às diversas fases do ciclo de vida da empresa.

Segundo Wally Olins (1989), cada organização é única e a sua identidade deve surgir de suas raízes, de sua personalidade, de suas forças e fraquezas. Ela deve ser visível, palpável e abrangente. O autor define como manifestações da identidade tudo o que de visível e palpável a organização faz: das instalações da empresa aos materiais de comunicação da corporação e sua propaganda. E afirma que tais manifestações devem ser uma afirmação da identidade. Devem ter qualidade e caráter consistentes, que reflitam precisa e honestamente toda a organização e os seus objetivos. Nesse contexto se insere o design, já que tudo isso é palpável, visível e projetado. Portanto, o design é um componente significativo na complexidade da identidade. Ainda segundo Olins, outro componente da identidade tão significativo quanto suas manifestações é a maneira como a organização se comporta, com seu próprio *staff* e com qualquer outra pessoa com quem ela se relacione, incluindo clientes, fornecedores e comunidades. Isso é verdadeiro em especial para as empresas prestadoras de serviço, que não possuem produtos palpáveis, conclui.

Administrador de empresas e diretor da consultoria Global Brands, José Roberto Martins (2006) destaca que a identidade corporativa não deve se restringir apenas ao desenho, ao nome ou ao slogan da marca. Há toda uma conjunção de fatores que, reunidos, formam a identidade corporativa de uma empresa. Os produtos, os serviços, a ética e a responsabilidade social e ambiental são alguns dos fatores que formam essa identidade e fazem parte de um sistema de comunicação percebido pelos consumidores. Martins afirma que ela pode ser expressa nos nomes, símbolos, cores e ritos de passagem dos quais as organizações se utilizam para distinguir a si mesmas ou destacar as respectivas diferenças em relação às identidades de seus públicos. O autor declara também que as empresas estão cada vez mais integradas à sociedade, e esta, cada vez mais crítica em relação aos comportamentos e às ações organizacionais. Por isso, torna-se cada dia mais importante valorizar a identidade corporativa e gerir o negócio em linha com os compromissos da organização para com o seu meio.

Por sua vez, Norberto Chaves (2008) alerta para o uso coloquial de diversos termos e expressões relacionados à problemática da identificação e da imagem institucional que acabam sendo empregados equivocadamente ou como sinônimos pelos profissionais de comunicação. É o caso, por exemplo, das expressões "imagem da empresa", "imagem institucional", "identidade corporativa", "imagem corporativa" e "comunicação corporativa", entre outras. Ele define que suas referências terminológicas se enquadram especificamente no contexto associado ao design, à imagem e à comunicação, exceto nos casos em que esteja indicado o contrário. Nesse contexto, o autor faz as reflexões apresentadas a seguir.

- **Corporação:** um dos termos mais empregados nos discursos profissionais sobre a imagem, mas também o mais conflitivo, dada a elasticidade que suas três principais definições possuem no uso coloquial dos distintos idiomas utilizados. No contexto saxão, o termo "corporation" significa "companhia", "empresa", mas, pela acepção latina, o mesmo termo pode remeter a formas organizacionais mais complexas para designar um grupo de associações que integre, por exemplo, empresas privadas, organismos públicos e/ou setores da comunidade por meio de suas entidades representativas. Independentemente dessas duas realidades, pode, ainda, designar alguma forma de associação inspirada nos grêmios medievais. O termo "corporativismo" consiste em organizar a sociedade por setores produtivos. A quarta interpretação, menos frequente, limita seu significado ao que está implícito: o corpo como integração de membros, remetendo, genericamente, a qualquer associação ou comunidade regida por alguma lei ou um estatuto.

- **Instituição:** em sua primeira acepção, define-se pela exclusão das funções de lucro e, por isso, é passível de ser associada a organismos não empresariais. Uma segunda definição, mais teórica, define como toda realidade social que constitua uma norma, uma convenção ou um mecanismo regular, estável, de funcionamento social, que transcende a vontade de seus usuários concretos, como a própria linguagem. A terceira definição, metaforicamente, atribui o caráter de instituição a todo aquele que adquira significado social, transcendendo suas próprias características internas, de um modo relativamente estável. Certos fenômenos sociais, empresas privadas e, inclusive, indivíduos podem ser considerados instituições.
- **Imagem:** termo que pode designar imagem objetiva – fenômeno exterior perceptivo, uma fonte, um registro, uma representação ou imagem representativa –, alusiva a fenômeno representacional. A imagem pública se refere à opinião coletiva, e a imagem psíquica, à representação visual ou ao registro imaginário. Semanticamente, em um mesmo contexto discursivo, pode-se apelar para ambos os sentidos.

Chaves propõe quatro desdobramentos do conceito de imagem, como se detalha a seguir.

- **Realidade institucional:** conjunto de características objetivas da instituição, fatos institucionais concretos, não apenas presentes, mas acumulados ao longo de sua história: objeto, função e campo de atuação, estruturas operativas, recursos materiais e humanos e situação econômico-financeira.
- **Identidade institucional:** fenômeno de consciência e, assim como a realidade institucional, deve ser entendida como um processo. Conjunto de valores e atributos assumidos como próprios pela instituição e que formam o discurso de identidade e se desenvolvem analogamente ao discurso da identidade de um indivíduo.
- **Comunicação institucional:** conjunto de mensagens efetivamente emitidas, consciente ou inconscientemente. Não é uma atividade opcional ou específica de certos tipos de entidades, mas essencial ao funcionamento da instituição. Seu caráter onipresente está representado pela totalidade do "corpus semiótico" da instituição, que é, deste ponto de vista, um território significante que fala de si mesmo, que

se automanifesta, que é simbolizado por meio de cada uma de suas ações e por todas elas.

- **Imagem institucional:** pode ser entendida como a leitura pública dos atributos de identificação do sujeito social ou de uma instituição. É a interpretação que a sociedade ou cada um de seus grupos tem ou elabora de modo intencional ou espontâneo. Ela não coincide com a realidade institucional, nem em sua dimensão semiótica (comunicação institucional) nem por sua forma de autorrepresentação (identidade institucional).

Joan Costa (2011, p. 86) afirma que o termo "imagem" tem duas acepções principais: a primeira, como objeto material; representação física de coisas, de objetos e de produtos que se encontram em nosso ambiente e que tem a sua raiz no "eikon" dos gregos. A segunda refere-se a uma representação mental, intangível, e produto da imaginação individual – e, por extensão, do imaginário coletivo. A raiz desse conceito é o termo "imago", oriundo da psicologia.

Assim, Costa (2011) observa que a mesma palavra – "imagem" – coloca dois mundos em interação (ver figura 2.2). O primeiro é o mundo A, um mundo físico, de coisas e objetos que nos rodeiam e que está definido pelas capacidades e limitações de nosso sistema sensorial. Nele, estão as coisas reais que vemos e tocamos (A1), assim como as coisas representadas (A2). Ambas constituem um universo de imagens ("eikon") e de símbolos.

O segundo é o mundo B, o nosso mundo mental, que interage com o anterior (A1 e A2) e é psicológico, cultural e compreende um aprendizado e a imaginação; uma interpretação do que é percebido e sentido ("imago").

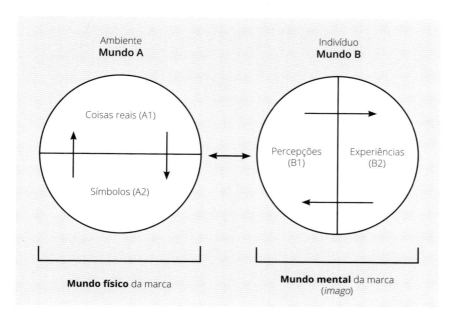

Figura 2.2
Fenomenologia da imagem da marca segundo Joan Costa.
Fonte: Costa, 2011, p. 87.

O pensamento de Joan Costa contribui para esclarecer a polêmica mencionada por Norberto Chaves ao se referir ao uso equivocado das expressões "imagem da empresa", "imagem institucional" e "imagem corporativa". É comum, até mesmo entre designers e profissionais de comunicação e marketing, o emprego da expressão "imagem corporativa" como algo físico e visível quando a referência é a identidade visual de uma corporação. O equívoco reside justamente em não fazer a distinção daquilo que é físico do que é imagem mental. Cabe esclarecer que, neste livro, as expressões "imagem de marca" e "imagem corporativa" são sempre utilizadas no contexto da percepção tida da marca ou da corporação, ou seja, da dimensão imaterial resultante das comunicações voluntárias e involuntárias oriundas da organização, salvo quando for declarado outro sentido.

Portanto, é possível concluir que as noções anteriormente descritas – de marca, identidade visual e identidade corporativa – contribuem para a formação de um conceito mais abrangente, cujas definições foram estudadas nesta pesquisa: a imagem da marca. "A marca precede a sua imagem, e não o contrário. A imagem é uma projeção da marca no campo social" (Costa, 2011, p. 17).

Joan Costa (2011, p. 85) afirma que "a imagem da marca, antes de ser um assunto de design, é um assunto de psicologia social". Para ele, aprofundar-se na imagem da marca é penetrar no imaginário social, na psicologia cotidiana, no mundo pessoal das aspirações, das emoções e dos valores. Nesse contexto, o autor sugere, ainda, a inclusão da filosofia, da sociologia e da antropologia como outros saberes essenciais no processo de entendimento das necessidades, dos desejos e dos sonhos dos públicos de interesse das marcas.

Com base nos conceitos e definições expostos anteriormente – e considerando que uma marca é um signo –, para que seja possível compreender a lógica de formação de uma imagem de marca, é necessário entender como funciona a atividade simbólica humana. Portanto, é importante apresentar algumas noções gerais da semiótica[1] aplicada à comunicação.

O estudo da semiótica na pesquisa justifica-se por sua importância nos processos de geração de sentido das marcas. Além disso, a pesquisa poderá se embasar em alguns conceitos dessa disciplina para observar se o branding chegou a influenciar a linguagem visual das peças gráficas em algum signo analisado nos estudos de caso.

Segundo Clotilde Perez (2004, p. 140), entende-se por semiótica o estudo dos signos, ou, melhor dizendo, estudo da ação dos signos ou semiose. A autora define o termo "signo" em concordância com a concepção de Charles Sanders Peirce,[2] ou seja, "tudo aquilo que representa algo para alguém". Nesse sentido, o cientista desenvolve a teoria da "tríade do signo" (ver figura 2.3), na qual defende que "todo signo se estabelece a partir de relações que envolvem seu fundamento, suas relações com aquilo que representa, seu objeto (ou referente) e com os efeitos que gera, chamados interpretantes" (Perez, 2004, p. 141).

Perez afirma, ainda, que são várias as correntes da semiótica moderna. De forma didática, classifica as três correntes mais estudadas e praticadas: semiótica peirceana, com base nos estudos de Charles Sanders

---

1   A semiótica não constitui um modismo dos novos tempos. Seu estudo é muito antigo, podendo ser coincidente com o dos processos comunicacionais na história das ciências (Perez, 2004).

2   Charles Sanders Peirce (1839-1914) foi matemático, cientista, lógico e filósofo norte-americano. Dedicou toda a sua vida ao desenvolvimento da lógica entendida como teoria geral, formal e abstrata dos métodos de investigação utilizados nas mais diversas ciências. A essa lógica ele deu o nome de semiótica (Santaella, 2005).

Peirce; semiótica greimasiana, segundo Algirdas Julien Greimas; semiótica da cultura, ou corrente semiótica russa, defendida por Mikhail Bakhtin e Roman Jakobson.

De acordo com Perez (2004), a partir da década de 1970, a semiótica passou a ser utilizada como ferramenta de análise no estudo de materiais publicitários, centrando-se no conteúdo das mensagens e nas gerações de sentido provocadas nos receptores. Inicialmente, adotava-se a chamada "semiótica de primeira geração", com base na análise de significado de figuras e da retórica das peças publicitárias. Nos anos 1980, surgiram os estudos de Greimas e um novo paradigma da semiótica – o já citado greimasiano –, que propunha uma análise mais complexa do que o anterior. Greimas pregava a análise do discurso por inteiro, para apreender a significação do objeto em sua globalidade. O método baseia-se na relação significante-significado, em uma díade voltada para analisar os níveis de significação produzidos por uma mensagem a partir das relações propostas entre oposição, negação e complementaridade.

Perez (2007) declara também que a análise semiótica de peças publicitárias, logotipos, produtos, embalagens e rótulos – e muitas outras aplicações – vem sendo adotada no Brasil por diferentes empresas desde o final da década de 1990. Ela ressalta que esse é um método teórico que, diferentemente das pesquisas qualitativas, não prevê contato direto com os consumidores (receptores). A semiótica, nesses casos, concentra-se no signo e na semiose por ele constituída e disseminada, ou seja, na emissão e nos processos que geram os efeitos de sentido.

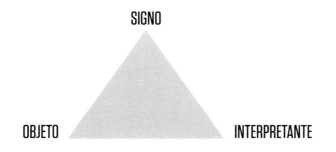

Figura 2.3

A tríade semiótica segundo Peirce.

Fonte: adaptada de Perez, 2004, p. 141.

Branding

Conforme já foi mencionado, durante a pesquisa foram encontradas diferentes interpretações do termo branding, tanto na bibliografia consultada como nos depoimentos dos profissionais entrevistados.

O administrador de empresas e consultor José Roberto Martins (2006) afirma que

> Branding é o conjunto de ações ligadas à administração das marcas. São ações que, tomadas com conhecimento e competência, levam as marcas além da sua natureza econômica, passando a fazer parte da cultura, e influenciar a vida das pessoas. Ações com capacidade de simplificar e enriquecer nossas vidas num mundo cada vez mais confuso e complexo. (Martins, 2006, p. 8)

O consultor e diretor presidente da Thymus Branding, Ricardo Guimarães, contextualiza e define o branding com a declaração a seguir.

> Na Thymus, definimos Marca como um nome ao qual as pessoas relacionam competências, atitudes e valores, que alimentam expectativas de entregas futuras que são materializadas por experiências proporcionadas por uma Cultura. Estas expectativas impactam a percepção de valor da Marca e o custo de crescimento do negócio. Por isso, gerenciar Marca é gerenciar experiências e expectativas, utilizando a percepção de valor como indicador de sucesso. Esta Gestão de Cultura da Marca é o que nós, na Thymus, entendemos por Branding. (Guimarães, s.d.)

Para Naomi Klein (2004), o surgimento do branding tem relação com

> a busca do verdadeiro significado das marcas – ou a essência da marca, como é frequentemente chamado – e gradualmente distanciou as agências dos produtos e suas características e as aproximou de um exame psicológico/antropológico do que significam as marcas para a cultura e a vida das pessoas. (Klein, 2004, p. 31)

O designer Ronald Kapaz (2011), na entrevista concedida para este trabalho, refletiu sobre o significado do branding. Para ele, "os produtos tiveram que repensar o seu design e/ou transformá-lo em uma ferramenta de expressão da alma perdida que, antes de ser resgatada na forma, precisa ser resgatada em sua essência". Ele entende que as empresas não devem ser orientadas pelo seu "instinto animal de multiplicação e crescimento", mas devem incorporar os valores humanísticos. Segundo Kapaz, as marcas que se tornaram grandiosas conseguiram correr o risco de ter identidades bem desenhadas. Isso é mais atraente e gera mais negócios. "É uma cultura, mudança cultural de foco no produto para foco na pessoa (consumidor)."

Todas as afirmações citadas concordam, em sua essência, que branding é um sistema de gerenciamento das marcas orientado pela significância e pela influência que as marcas podem ter na vida das pessoas, objetivando a geração de valor para os seus públicos de interesse.

O uso do branding como ferramenta de gestão não é recente. A Procter & Gamble é reconhecida por ter sido a primeira empresa a criar, em 1931, times de gerenciamento de marcas, que tinham como principal função coordenar o programa de marketing dos produtos de forma integrada à venda e à fabricação.

Já na década de 1940, havia o entendimento, pela maioria das empresas produtoras de bens de consumo, de que o gerenciamento das marcas constituía uma importante ferramenta de apoio à gestão e que as marcas não eram meros sinais visuais de identificação, mas um ativo de valor da empresa. Sabia-se que uma marca forte e bem gerenciada ajudava a fidelizar a clientela, estabilizar as vendas e criar uma reputação positiva e valorada sobre a empresa e seus produtos.

Segundo o designer Antônio Roberto de Oliveira, a partir do fim do século XX – e do milênio – a globalização acarretou mudanças nas formas de pensar e de agir, proporcionando novos rumos para a identidade empresarial. A partir desse período,

> nasceu, então, o branding – a nova palavra em identidade empresarial, sinônimo desta evolução, que nada mais é do que a continuidade dos tradicionais programas de identidade corporativa, associado ao marketing e ao design, resultando em um novo padrão de administração de imagem. (Oliveira, 1999, p. 5)

Ainda de acordo com Oliveira (1999, p. 5), "com a entrada do novo milênio, os designers gráficos, além de esteticistas visuais, cumprem este novo papel e tornam-se, também, estrategistas de negócio e administradores de design".

Sobre o contexto histórico de consolidação do branding, Mariana Jorge (2009) afirma que, nos anos 1990, a marca deixou de ser apenas um fenômeno econômico ou técnico, com valor estético e finito, passando a se expandir também para um caráter semiótico, agregado à mente do consumidor, de modo dinâmico e mutável. E cita Chaves: "Trata-se da capa de sentido que cobre o fato institucional em sua totalidade e no qual se processa permanentemente o discurso de sua identidade" (Chaves apud Jorge, 2009, p. 62).

Ana Couto acredita que o processo de inserção do branding no campo do design foi uma mudança de paradigma que reposicionou o papel do design. Para ela, o século XX foi de descoberta da propaganda, do produto na televisão, das grandes campanhas, dos "4 Ps".[3] No século XXI surgiu outra premissa, segundo a qual o relacionamento com as marcas ganhou uma dimensão maior do que a do século XX. A revolução

---

3   Jerome McCarthy, professor da Universidade de Michigan, aprimorou a Teoria de Borden e definiu os quatro grandes grupos de atividades que representariam os ingredientes do composto e os separou em Product, Price, Promotion e Place. Diversos países trataram de traduzir os grupos em palavras iniciadas por "P". No Brasil, as atividades passaram a ser Produto, Preço, Promoção e Praça (ou Ponto de venda). Disponível em http://www.portaldomarketing.com.br/Artigos/4_Ps_do_Marketing.htm. Acesso em 20-4-2012.

tecnológica, relativamente às redes sociais, trouxe um mundo enorme de possibilidades e, ao mesmo tempo, transformou o papel da marca no negócio. "A gente saiu de um século de fábrica, de tangíveis, e entrou no século do intangível", conclui a designer.

> O branding vem responder a uma demanda de que ninguém hoje pode produzir algo que não esteja de acordo com a sociedade, que não esteja gerando valor, que não tenha um propósito, sabe? Você tem uma dimensão de cobrança das marcas hoje muito maior do que você tinha no passado. Se você produzisse um tênis que tivesse sido feito lá com um trabalho escravo, isso não era nem sabido, mas hoje é inaceitável, não é? E a marca do mundo que gira hoje tão rápido de negócios, de mudanças de tecnologia, você precisa de uma marca que dê uma visão de longo prazo para o seu negócio, você precisa gerir ela de uma forma diferente do que você geria. (Couto, 2012)

Chico Homem de Melo (2005) afirma que, durante a década de 1990, a teoria do branding tomou corpo e foi responsável pela expansão do sistema de identidade visual. Sobre essa expansão em relação aos projetos de identidade visual das décadas de 1960, 1970 e 1980, o designer declara:

> A ideia básica era a mesma, mas mudava a abrangência da intervenção: ela deixava de ser exclusivamente visual, e passava a envolver a própria gestão da marca, ou o *brand*. O designer passava então de gestor de mensagens visuais a gestor da marca. O design corporativo estabelece-se definitivamente como um grande negócio, envolvendo altas cifras e ocupando milhares de profissionais. (Melo, 2005, p. 35)

Apesar de o branding ter sido adotado mais frequentemente como ferramenta nos escritórios de design após meados da década de 1990, alguns designers – principalmente os das gerações pioneiras – declaram que, para eles, essa não é uma disciplina nova. Existiria desde a década de 1960, mas no final do século XX tornara-se um modismo. Mariana Jorge afirma que Alexandre Wollner entende que o branding existe desde os anos 1960 e que só recentemente tem sido designado pelo termo "branding". "Essa percepção provavelmente existe porque Wollner entende que o design sempre auxiliou as empresas a construírem seus discursos de identidade" (Jorge, 2009, p. 65).

Nair de Paula Soares, sócia e diretora do escritório fundado por Aloísio Magalhães – o PVDI –, diz que o branding não aconteceu de repente, como uma grande invenção. Ela atribui o surgimento dessa nova filosofia ao mercado de consumo como um todo, que ficou muito mais agressivo com a globalização e exigiu das empresas a estruturação de times voltados para cuidar de sua imagem e de sua marca, a fim de que pudessem se impor no mercado de forma mais agressiva. Segundo a designer, o branding tornou-se uma área de atuação talvez com novas instrumentações, até mesmo acadêmicas. "Quer dizer, o branding, essa filosofia, foi alavancada não só no Brasil, assim como no exterior, de todo um 'tira-teima' de implantação, seja normativa apenas ou então embasada a partir de pesquisa de mercado" (Soares, 2012).

Em sua entrevista, o designer e arquiteto Norberto Chamma afirma que o que ele e sua equipe fazem com o projeto não difere muito em essência do que se fazia na década de 1970. Só que os nomes mudaram, a terminologia mudou. Ele considera o termo "branding" um modismo, assim como "reengenharia" e "downsizing", e acredita que a partir de meados da década de 1990 dois principais contextos favoreceram o crescimento do mercado de branding: o surgimento da internet – que mostrou as marcas de uma nova forma, ampliando a segmentação dos públicos – e a perda de lucratividade das agências de publicidade em decorrência da redução dos investimentos dos clientes nas mídias publicitárias tradicionais. Juntos, os dois fenômenos provocaram o deslocamento da perspectiva temporal dos trabalhos de publicidade – que era de curto prazo – para projetos mais duradouros, com foco em construção da imagem das marcas e das corporações. "Deste conflito, saiu o branding e, neste cenário, passou-se a contemplar o valor emocional das marcas, atribuindo-se, também a elas, um valor financeiro que impulsionava o valor da ação da empresa nas bolsas de valores" (Chamma, 2011).

No artigo "The Branding Bubble", publicado no site da Und Corporate Design, Chamma declara:

> Branding já foi, no passado, denominado programa de identidade visual; depois, virou imagem corporativa. Eram projetos essencialmente gráficos. Alguns poucos textos e imagens eram utilizados para justificar a chamada "inspiração" do projeto. Ou, sendo raso, de onde veio a tal genial ideia. [...] Marcas que antes eram entendidas como a expressão icônica e sintética de qualquer instituição viraram um substantivo hiperabrangente. Como uma grande esponja, foram agregando novos significados e interpretações nem sempre apropriadas. (Und Corporate Design, s.d.)

Assim, pelo senso comum, pode-se concluir que o branding se define como uma ferramenta de gestão concentrada nas marcas para que adquiram relevância no cotidiano de todos os públicos com os quais se relacionam. Mais do que um plano de estratégia da marca, o branding está ligado às emoções despertadas por ela e aos vínculos que poderão ser estabelecidos com isso.

No contexto histórico, começou a ser utilizado pelas empresas em meados do século XX, como ferramenta de gestão de marcas de produtos de consumo. Com o passar do tempo, as marcas aumentaram a abrangência de sua atuação e assumiram um novo papel no cotidiano dos indivíduos, constituindo-se em indicadores da identidade de seus públicos.

Dentre outros fatores, Semprini (2006) destaca o processo de desmaterialização do consumo, que, embora tenha contribuído para a fragilização das marcas, por outro lado pôde encontrar nelas mesmas um novo meio natural de expressão. Nesse novo contexto, as marcas tiveram de assumir um discurso carregado de atributos cognitivos e simbólicos, para propor um universo de significados no qual o produto ou serviço desmaterializado possa se abrigar, encontrando um sentido e um vetor de projeção.

Naomi Klein alerta que empresas como Nike, Polo e Tommy Hilfiger patrocinam locais, eventos e até pessoas físicas – personalidades da mídia, artistas ou estrelas do esporte – para criar associações de imagem que reforcem o seu significado para o público. Segundo Klein,

> para essas empresas, o branding não era apenas uma questão de agregar valor ao produto. Tratava-se de cobiçosamente infiltrar ideias e iconografia culturais que suas marcas podiam refletir ao projetar essas ideias e imagens na cultura como "extensões" de suas marcas. A cultura, em outras palavras, agregaria valor a suas marcas. (Klein, 2004, pp. 52-53)

Diante de todas essas circunstâncias, o branding coloca-se como uma tendência em comunicação decorrente da evolução do marketing e dos sistemas de identidade visuais corporativos. A marca passa a ser encarada como um ente vivo, que nasce, cresce, desenvolve-se e amadurece, podendo se renovar e perdurar por gerações. Assim como as pessoas, as marcas têm um passado, um presente e um futuro, constroem relacionamentos e possuem uma identidade própria. Nesse cenário, o designer torna-se um agente estratégico na construção dessa identidade, em alinhamento com os profissionais de marketing. Ricardo Moreira (2009, p. 41) declara que "talvez um dos maiores méritos das estratégias de branding seja o de derrubar barreiras entre os departamentos de marketing e de design, ao apropriar-se de ferramentas de ambos, porém com uma postura integradora".

Metodologias usadas pelos designers

No centro da pesquisa que compõe este livro se coloca a questão da metodologia empregada pelos designers na construção de identidades visuais corporativas. Nesse sentido, foram investigados importantes autores do campo do design que dissertaram sobre o processo metodológico do campo do design de forma geral e, mais especificamente, no que diz respeito à metodologia para construção de marcas.

O designer Gustavo Amarante Bomfim,[4] em sua dissertação de mestrado (1978), define metodologia como o estudo de métodos aplicados à solução de problemas teóricos e práticos. Segundo ele, o conceito etimológico da palavra "método" tem derivação greco-latina e significa "caminho para alguma coisa", "seguir alguma coisa" ou, ainda, "andar ao longo de um caminho". O autor alerta para o fato de que a metodologia é apenas um instrumento de trabalho, um suporte lógico, e que o bom resultado do trabalho decorre da capacidade técnica e criativa de quem resolve o problema.

O designer e sociólogo Bernd Löbach[5] distingue e apresenta os conceitos de design e design industrial e discorre sobre o conceito de necessidade para, posteriormente, discutir e comentar a atividade do desenho industrial no contexto da sociedade, nas relações entre o ser humano e os objetos. O autor estudou a importância do design industrial nas indústrias e esclareceu que o designer industrial, ao ser contratado por uma empresa, deve considerar tanto os interesses dos usuários dos produtos como os da própria empresa, observando aspectos econômicos que incidem sobre sua atividade profissional. Assim, ele deve representar, simultaneamente, os interesses da empresa e do consumidor.

Bomfim denomina essas relações entre o designer industrial e o produto industrial como "processo do design" e, em seguida, traça o perfil de competências requeridas do designer e detalha a metodologia inerente ao processo do design. Conclui afirmando que a metodologia do design é composta por quatro etapas principais: problematização, análise, desenvolvimento e implantação.

Ao delinear o perfil do designer industrial, Löbach afirma que, antes de tudo, espera-se que o profissional conceba soluções novas para produtos industriais.

---

4   Gustavo Amarante Bomfim, falecido em 2005, graduou-se em desenho industrial pela Escola Superior de Desenho Industrial (ESDI), especializou-se em teoria e metodologia do design pela Bergische Universitaet Wuppertal, fez mestrado em engenharia de produção pela Universidade Federal do Rio de Janeiro (UFRJ) e realizou o doutorado em design pela Bergische Universitaet Wuppertal (1988). Sua atuação se concentrou, principalmente, em design, estética e história.

5   O alemão Bernd Löbach estudou Design e Sociologia, lecionou Design na Fachhochschule Bielefeld (Escola Técnica Superior de Bielefeld) e desde 1975 é professor na Hochshule für Bildende Künste (Escola Superior de Artes Aplicadas de Braunschweig). É membro do Deutschen Werkbund e do VDID Verband Deutscher Industrie-Designer.

> O designer industrial pode ser considerado como produtor de ideias, recolhendo informações e utilizando-as na solução de problemas que lhe são apresentados. Além de sua capacidade intelectual, i.e., capacidade de reunir informações e utilizá-las em diversas situações, ele deve possuir capacidade criativa. A criatividade do designer industrial se manifesta quando, baseado em seus conhecimentos e experiências, ele for capaz de associar determinadas informações com um problema, estabelecendo novas relações entre elas. (Löbach, 2001, p. 139)

Segundo o autor, todo processo de design é tanto um processo criativo como um processo de solução de problemas, e cabe ao designer encontrar a solução do problema concretizando-a em um projeto de produto industrial, incorporando as características que possam satisfazer as necessidades humanas. Ele apresenta esquematicamente o processo de design em quatro principais fases: análise do problema, geração de alternativas, avaliação das alternativas e realização das etapas do problema.

A metodologia empregada pelos designers para a construção de identidades visuais, em essência, não difere dos processos anteriormente descritos relacionados ao design de forma geral.

Em 1979 – portanto, antes da disseminação do branding como atualmente se conhece –, Marco Antônio Rezende, semiólogo e ex-diretor do escritório de design Cauduro/Martino, publicou artigo na revista *Marketing Paulista* em que discorre sobre a metodologia da identidade visual. Em sua reflexão, recorre à semiologia e afirma que, como qualquer linguagem, a identidade visual se utiliza de um conjunto de signos e de uma sintaxe para ser produzida. Trata-se de um processo de invenção de linguagem em todas as suas etapas que, pelo fazer projetual do designer, é ampliada por novas regras, formas e componentes, em um processo totalmente dinâmico. Como toda linguagem, a identidade visual evolui e pode se reciclar a qualquer tempo.

Ao abordar o caráter metodológico da criação e do desenvolvimento de identidades visuais, Rezende aponta as quatro grandes etapas do processo: pesquisa e definição de diretrizes, criação da nova linguagem visual, desenvolvimento das novas mensagens visuais e, por fim, normalização e padronização da identidade visual.

A primeira etapa, que ele denomina Plano Diretor, corresponde às fases de pesquisa e diagnóstico das necessidades da empresa para, a partir daí, serem definidas as diretrizes para o desenvolvimento da nova identidade visual, tanto as que se referem aos objetivos da comunicação como as relativas ao planejamento do processo de criação e implantação da nova linguagem. Por meio de entrevistas e pesquisas de imagem com os diferentes públicos da empresa, e análise da concorrência, pode-se chegar a um diagnóstico para a definição das mensagens visuais que formarão a imagem da empresa.

A etapa seguinte compreende o projeto dos elementos básicos da nova linguagem visual da empresa. O produto final dessa etapa é o código da identidade visual, ou seja, o sistema de signos e as regras básicas de uso que caracterizam e coordenam sua identificação.

O projeto de implantação é a etapa mais complexa das quatro apresentadas. A partir do código de identidade visual, novas mensagens são projetadas, executadas e implantadas.

Rezende conclui que, para que o programa de identidade seja eficaz, ele deve compreender o uso correto e consistente dos sinais gráficos e das mensagens visuais coordenados com a "personalidade" da empresa em todos os seus aspectos. Para que isso ocorra, é necessária a normalização da identidade visual, que, em geral, é publicada em um manual de identidade visual. Segundo o autor, o manual é um instrumento essencial para o controle, a administração e a manutenção da qualidade das mensagens visuais e da identidade visual.

Dada a importância do escritório Cauduro/Martino na história e no cenário do campo da identidade visual no Brasil nos anos 1960 a 1970, consideramos a metodologia apresentada por Rezende, em 1979, representativa da prática adotada nesse mesmo campo numa época em que a criação da estratégia de branding não compunha as etapas do trabalho (ao menos não declarado como tal na acepção contemporânea).

Cabe ressaltar que, dois anos antes da publicação do referido artigo, o mesmo Marco Antônio Rezende proferiu palestra em um evento específico sobre identidade visual[6] na qual apresentou uma metodologia muito similar à publicada no texto de 1979. O público do evento era essencialmente formado por empresários, a quem Rezende se dirigiu reafirmando a importância da implantação de sistemas de identidade visual nas corporações.

Já o designer e consultor de imagem corporativa Norberto Chaves (2008)[7] apresentou sua teoria e metodologia da identificação institucional e, de forma geral, dividiu o processo em duas grandes etapas: a analítica, que se concentra no conhecimento profundo da instituição, e a normativa, que consiste na caracterização da intervenção necessária. A etapa analítica se subdivide em cinco fases: investigação, identificação, sistematização, diagnóstico e política de imagem e comunicação.

A investigação consiste em trabalho de campo e tem como objetivo básico inserir a equipe técnica no contexto concreto da instituição para produzir a documentação sobre ela relativa aos quatro níveis de análise: realidade institucional, identidade institucional, comunicação institucional e imagem institucional. Uma vez constituída a base de informações sobre o programa, pode-se passar para a fase seguinte, a de identificação. Nela, o projeto institucional deve orientar as linhas de valores que comporão o texto de identidade, ou seja, o discurso explícito do caráter e da personalidade da instituição. Ele será o instrumento que permite avançar o programa, pois define os recursos de imagem a serem utilizados e provê os conteúdos semânticos e retóricos do programa.

Em seguida, dá-se a fase de sistematização, que consiste na definição de um sistema de emissão do discurso da identidade institucional. A partir do texto de identidade, pode-se ordenar racionalmente o campo

---

6   Seminário Panorama da Identidade Visual, promovido em 1977 pelo Masp e pela primeira entidade profissional de design do Brasil, a Associação Brasileira de Desenho Industrial (ABDI), que atuou entre 1963 e 1978.

7   Apesar de a fonte consultada ter sido publicada em 2008, trata-se de uma reedição de texto escrito por Chaves em 1994, o que evidencia que a metodologia já era vigente desde a década de 1990.

de intervenção por meio de matrizes de comunicação, nas quais se determinam o tipo de mensagem a emitir e o repertório de canais pertinentes e não pertinentes, nos diferentes níveis de comunicação para os públicos externo e interno e nas relações com outras instituições.

Com base no texto de identidade e na matriz de comunicação elaborados anteriormente, é possível gerar o diagnóstico, em função de parâmetros universais e também dos valores de identidade e comunicação levantados concretamente na análise. Segundo Chaves, essa fase diagnóstica pode se desdobrar em um diagnóstico geral, um particular e o final (este articula sinteticamente os dois anteriores, para orientar a determinação de uma política de imagem e comunicação, objetivo da etapa seguinte).

A política de imagem e comunicação se apoia nos instrumentos analíticos anteriores e, portanto, pode não coincidir com as linhas de gestão vigentes. O diagnóstico da etapa anterior deverá ter identificado o campo da gestão no qual se originavam os problemas, e a nova política deve retificar ou afiançar a política adotada até o momento. Ela deve formular uma ideologia concreta de comunicação e, no campo das mídias, definir os critérios concretos de gestão da imagem e da comunicação da corporação.

Nesse contexto, entende-se que a implantação de uma política de imagem e comunicação pode ser considerada um embrião do branding no processo de gerenciamento da identidade corporativa.

A etapa analítica outorga um conhecimento sobre a instituição e sua situação real. Norberto Chaves detalha, então, a etapa normativa, afirmando que ela é composta por três fases sucessivas de intervenção permanente: a formulação da estratégia geral de intervenção, o desenho da intervenção sobre imagem e comunicação e a elaboração de programas particulares.

A designer e consultora de gestão de marcas Alina Wheeler (2008) explica em seu livro que o processo de identidade de marca é definido por cinco fases: condução da pesquisa, classificação da estratégia, design da identidade, criação de pontos de contato e gestão de ativos.

Assim, pode-se concluir que a maioria dos autores aqui citados concorda, em essência, que a metodologia do design é composta pelas etapas de processo investigativo para conhecimento e análise da problemática, de desenvolvimento da solução em si e de implantação. Wheeler (2008) evidencia um maior aprofundamento nas fases iniciais do trabalho – pesquisa e classificação da estratégia – e também na fase final do processo de construção da marca, que é a gestão desse ativo ou o branding propriamente dito. Essa diferença endossa a noção de que o branding é uma nova atividade que se insere na metodologia do trabalho de construção de identidades de marca (e não mais identidades visuais) desenvolvido pelos designers.

Do ponto de vista da metodologia para construção de identidades visuais, e comparando-se as definições apresentadas por Marco Antônio Rezende e Norberto Chaves, pode-se considerar que, a partir de 1979, o conceito de imagem corporativa foi ampliado. A metodologia proposta originalmente por Norberto Chaves em 1994 (e reeditada em 2008) é mais complexa do que a proposta por Rezende em 1979. A fase investigativa é muito mais detalhada e se inicia com linhas de valores que irão compor o texto de identidade, ou seja, o discurso explícito do caráter e da personalidade da instituição. Isso pode ser interpretado como um caminho intermediário entre os processos de construção de marca sem e com a criação da estratégia de branding.

CAPÍTULO 3

O OLHAR DO MERCADO

Entender o branding passa, também, por ouvir o relato de profissionais da área. Assim, a pesquisa bibliográfica apresentada nos capítulos
anteriores foi complementada por uma série de entrevistas realizadas
com designers e consultores de branding.[1]

A seleção das empresas considerou, como condição inicial, a formação acadêmica dos seus profissionais titulares – em design, arquitetura, comunicação e marketing ou administração – e, principalmente,
a trajetória profissional e a relevância de sua atuação no campo do
design brasileiro, mais especificamente no desenvolvimento de projetos de identidades visuais corporativas e na construção de identidades
de marca.

Foram investigadas empresas de design e também algumas consultorias de branding que não possuem designers em suas equipes e
não se originaram do design. Nesse sentido, cabe destacar que algumas das empresas que atualmente se definem como "consultoria de
marca" até meados da década de 2000 ainda se posicionavam e se
apresentavam, em seus sites, como "escritórios de design".

---

1   As entrevistas foram realizadas nos anos de 2011 a 2013, com atualização de informações ao
longo do primeiro semestre de 2016. Eventuais mudanças na nomenclatura de escritórios e entidades podem ter ocorrido após esse período até a presente data.

Portanto, no que diz respeito à formação acadêmica dos profissionais pesquisados, a maioria é composta por arquitetos e designers industriais oriundos de universidades brasileiras, com ensino fundamentado nos métodos da escola funcionalista/racionalista, baseada na Escola de Ulm. Também foram entrevistados profissionais com formação acadêmica em outras áreas, como escolas de administração e comunicação ou marketing.

Como já exposto anteriormente, o recorte geográfico da pesquisa contemplou as cidades de São Paulo e Rio de Janeiro, onde se localizam os principais escritórios especializados do país. Nesse universo, a seleção também procurou identificar designers de diferentes gerações, cuja formação profissional fosse de épocas e instituições distintas. Buscou-se, assim, obter uma visão mais ampla da forma como as mudanças foram introduzidas e incorporadas ao longo do tempo, considerando possíveis diferenças repertoriais e metodológicas na delimitação histórica da pesquisa.

A seguir, apresentamos a relação dos profissionais entrevistados e um breve currículo de cada um.

ALEXANDRE WOLLNER

Um dos mais importantes designers brasileiros, formado pela Escola de Ulm. Está entre os pioneiros no desenvolvimento de sistemas de identidade visual corporativos desde a década de 1960. É um dos fundadores do curso de desenho industrial da Escola Superior de Desenho Industrial (ESDI), no Rio de Janeiro.

ANA COUTO

Formada em design pela Pontifícia Universidade Católica do Rio de Janeiro (PUC-Rio). Obteve o título de mestre em comunicação visual pelo Pratt Institute, de Nova York. Fundadora do escritório Ana Couto Design, em 1993 (atualmente denominado Ana Couto Branding). Considerada uma profissional de referência no mercado brasileiro de branding por seu pioneirismo e pela relevância dos projetos implementados, bem como pelos artigos publicados e pelas premiações recebidas por seu escritório na área de identidade de marca.

ANTÔNIO ROBERTO DE OLIVEIRA

Formado em design de produto pela Fundação Armando Alvares Penteado (Faap), em São Paulo. É mestre em programação visual pela FAU-USP. Coordenador de pós-graduação e pesquisa das Faculdades Integradas Rio Branco, em São Paulo. Coordenador do módulo internacional do MBA de branding e gestão de marcas com a Brunel University, de Londres. Professor das cadeiras de branding e design estratégico da Universidade Presbiteriana Mackenzie. Coordenador da International Branding Innovation Journey, em parceria com a Tampere University of Applied Sciences (TAMK) e a Laurea University of Applied Sciences, na Finlândia. Professor da pós-graduação em branding da Universidade Positivo, em Curitiba, e da pós-graduação em negócios da moda do Senac Fortaleza.

———————

CARLOS DRÄNGER

Formado em arquitetura pela FAU-USP. Dirigiu o setor de comunicações da Olivetti do Brasil e também foi diretor da Associação dos Designers Gráficos (ADG). Eleito Profissional de Design do Ano no Festival Brasileiro de Promoção, Embalagem e Design da revista *About* em 1995 e em 2008. Diretor da Cauduro Dränger — empresa sucessora do escritório Cauduro Associados —, possui diversos projetos e artigos publicados no Brasil e no exterior.

———————

CESAR HIRATA

Arquiteto formado pela FAU-USP. Fundador do BC&H com o também arquiteto Hélio Mariz de Carvalho. Posteriormente, o BC&H associou--se à FutureBrand, empresa de consultoria de marca do grupo McCann Erickson/Interpublic, em uma *joint venture* exclusiva para o Brasil chamada FutureBrand São Paulo.

FRED GELLI

Graduado em desenho industrial pela PUC-Rio. É sócio-fundador da Tátil Design de Ideias, empresa premiada internacionalmente por seus projetos inovadores de design de produto, identidade de marcas e, mais recentemente, branding.

GILBERTO STRUNCK

Graduado em design pela ESDI. Mestre em comunicação pela UFRJ, onde foi professor do curso de design gráfico. Autor de livros sobre marcas e consumo e sócio-fundador da agência DIA Comunicação.

HUGO KOVADLOFF

Designer e consultor de identidade de marca. Estudou design em São Paulo, na London School of Printing e no Centro de Investigación en Comunicación Masiva, Arte y Tecnología (CICMAT), em Buenos Aires. Trabalhou com Alexandre Wollner, foi diretor da SAO/DPZ, presidente da FLAG (Landor/Y&R) e sócio-diretor do Gad'Branding. Participou de importantes projetos de identidade de marca e branding desenvolvidos no Brasil, muitos dos quais foram premiados e publicados internacionalmente. Professor nos cursos de branding e gestão de marcas da Fundação Getulio Vargas (FGV-SP), na Universidade Positivo, em Curitiba, e nas Faculdades Integradas Rio Branco. Autor do livro *Roteiro de uma vida no design*. Em 2015, foi designado embaixador de design e membro do Comitê de Design Latino pelo Fórum de Escolas de Design da Universidade de Palermo, em Buenos Aires.

JOÃO CARLOS CAUDURO

Graduado arquiteto pela FAU-USP. Doutor em arquitetura, também foi professor da FAU-USP. Membro-fundador da Associação Brasileira de Desenho Industrial (ABDI) e sócio do Cauduro Associados, escritório fundado com Ludovico Martino em 1964 com o nome de Cauduro/Martino, especializado em programas de identidade visual, sinalização e design de produto e promocional.

LAURA GARCIA MILOSKI

Formada em jornalismo pela PUC-Rio e pós-graduada em comunicação de marketing pela Escola Superior de Propaganda e Marketing (ESPM-RJ). Também estudou comunicação social na Middlesex University, em Londres, e participou do programa executivo de branding na Kellogg School of Management, em Chicago. Trabalhou por cinco anos no escritório de Ana Couto como gerente de projetos de estratégia de marca, coordenando projetos para empresas brasileiras e multinacionais. Posteriormente, iniciou seu trabalho na Interbrand, onde é diretora de estratégia de marca.

———

LINCOLN SERAGINI

Atual presidente da Casa Seragini – Governança Criativa de Negócios. Foi sócio da Seragini/Y&R, especializada em design de embalagem. Atuou posteriormente na Seragini Design e Seragini Farné Guardado nas áreas de branding, design de produto e arquitetura ambiental. É membro da Academia Brasileira de Marketing e professor de pós-graduação em branding, gestão da inovação e economia criativa.

———

MARCELO BICUDO

Formado em arquitetura pela FAU-USP, possui mestrado e doutorado em comunicação e semiótica pela PUC-SP. Sócio-fundador da Epigram Branding Union, é o responsável pela operação dessa agência e concentra suas atividades em liderar os times de estratégia e varejo e as equipes criativas. Foi professor da USP por mais de dez anos no curso de design e arquitetura, responsável pelas disciplinas de branding, identidade corporativa e ponto de venda. É premiado em concursos no Brasil e no exterior, nas áreas de design, comunicação e varejo. Possui publicações de projetos, entrevistas e artigos no Brasil, na Europa e na América Latina.

MARCO ANTÔNIO AMARAL REZENDE

Graduado em planejamento ambiental na U.E.R. sur l'Environnement, École National Superièure des Beaux Arts, em Paris. Começou sua carreira como criativo-redator, assistente de Décio Pignatari em agências de propaganda. Foi sócio do Cauduro Associados de 1974 a 2012, onde era também diretor de branding e novos negócios. Possui artigos publicados sobre estratégia de construção de marcas e sistemas de identidade visual e ministra palestras sobre o tema em instituições de marketing no Brasil. Sócio da Marcar Branding, consultoria especializada em naming e estratégia de branding.

MARCOS MACHADO

Formado em administração de empresas pela FGV-SP, em direito pela USP e pós-graduado em marketing pela ESPM. Mestre em administração pela PUC-SP e doutor em administração pela Faculdade de Economia, Administração e Contabilidade da USP (FEA-USP). Professor da ESPM, onde leciona branding e gestão de marcas nos MBAs e na pós-graduação. Foi executivo de marketing em empresas multinacionais por quinze anos. Fundador e idealizador da metodologia de trabalho da TopBrands Consultoria de Branding. Criou e foi o primeiro presidente do Comitê de Branding da Associação Brasileira de Anunciantes (ABA).

NAIR DE PAULA SOARES

Graduada em desenho industrial pela ESDI, é professora do curso de comunicação visual da Escola de Belas Artes da UFRJ (EBA-UFRJ) e sócia do escritório PVDI, fundado em 1960 por Aloísio Magalhães, com quem trabalhou desde que nele ingressou, em 1974. O PVDI é especializado no desenvolvimento de sistemas de identidade visual e também possui forte atuação em design editorial.

NELSON GRAUBART

Designer graduado pela Faap, trabalhou com Alexandre Wollner e no departamento de comunicação das Indústrias Villares. Sócio-diretor da On Art Design & Comunicação. Exerceu atividade docente na PUC-Campinas, na Faap, no Serviço Nacional de Aprendizagem Industrial (Senai) e no Istituto Europeo di Design (IED São Paulo). Ex-diretor da ADG e da Associação Brasileira de Empresas de Design (Abedesign).

———————

NORBERTO CHAMMA

Arquiteto formado pela FAU-USP, trabalha com design desde 1970. É proprietário da Und Corporate Design, onde desenvolveu – e ainda desenvolve – importantes projetos de construção de identidades de marca.

———————

RAFAEL RODRIGUES

Designer e arquiteto formado pela Faculdade Nacional de Arquitetura da Universidade do Brasil. Ingressou no PVDI em 1964 e posteriormente tornou-se sócio e diretor-geral. Dirigiu mais de setecentos projetos, atuando em todos os segmentos do design, notadamente identidades visuais, embalagens, sistemas de sinalização, mobiliário urbano e manuais normativos. Foi professor do curso de design gráfico na PUC-Rio. Tem artigos e projetos publicados em revistas e livros especializados e participa de congressos, palestras, bancas e júris. Recebeu prêmios e menções por projetos de sua autoria.

———————

RICARDO GUIMARÃES

Pioneiro na difusão do conceito de branding como abordagem de gestão, fundou a consultoria Thymus Branding em 1999 e, desde então, desenvolve projetos de identidade e gestão de marcas para importantes empresas brasileiras. É autor de inúmeros artigos sobre branding publicados no Brasil e no exterior.

RICARDO LEITE

Graduado em comunicação visual pela UFRJ, é sócio-diretor do escritório Crama Design Estratégico, fundado em 1991 com o nome de Pós-imagem Design, atuante em construção de marca, comunicação corporativa, arquitetura comercial e projetos culturais.

RONALD KAPAZ

Graduado em arquitetura pela FAU-USP. É um dos responsáveis pela criação da ADG, da qual foi diretor em algumas gestões e é colaborador em comissões de trabalho. Autor de diversos artigos sobre design publicados em revistas especializadas nacionais e internacionais. É sócio-fundador da Oz Design. A empresa começou a fazer projetos de branding em 2000. Em 2012, constituiu a Oz Branding, como estratégia para dar visibilidade ao tema. Atualmente trabalha de forma integrada, tendo estratégia e design como disciplinas inseparáveis.

SONIA VALENTIM DE CARVALHO

Iniciou sua carreira no escritório de Alexandre Wollner, de quem foi aluna. Atuou no departamento de comunicação das Indústrias Villares e atualmente trabalha na SV Carvalho Design. Exerceu atividade docente na Universidade Presbiteriana Mackenzie, na Faap, nas Faculdades Integradas Rio Branco e na pós-graduação do Senac. Associada-fundadora da ADG.

Primeiros contatos

As entrevistas se iniciaram pelo relato de cada entrevistado sobre a história de sua carreira e de como eles travaram o primeiro contato com o branding e se capacitaram para incluir mais essa competência no portfólio de seus escritórios. A maioria teve o primeiro contato com o branding na década de 1990, por meio de informações e contatos fora do Brasil. Somente na década seguinte, o branding começou efetivamente a ser oferecido como serviço agregado ao projeto de design.

Um dos principais designers da geração pioneira, Alexandre Wollner ainda desenvolve projetos de construção de identidades visuais. Apesar de não utilizar o branding em seus projetos, é importante registrar aqui sua declaração sobre o processo de inclusão do branding no campo do design de identidades de marcas, pela relevância histórica de sua atuação nesse segmento no Brasil. Para Wollner (2011), "branding não tem nada que ver com design". O designer acredita que o branding está surgindo como uma "alternativa da moda" na atividade do design e entende que existe uma atividade que cuida da viabilidade e do uso da marca, pela qual as empresas ficam atentas se suas marcas estão precisando de alguma reformulação ou de uma comunicação nova. E protesta, afirmando que "isso tem que ser feito pelo design, não pode ser feito pelo branding". Em sua visão, o branding não está melhorando o design e a comunicação visual das empresas. No entanto, o designer reconhece que a atividade veio somar valor financeiro ao serviço do design, pois os escritórios passam a cobrar por um novo serviço prestado além do projeto visual da marca.

Wollner considera que o branding, assim como a publicidade e o merchandising, é maneira "agregada" de trabalhar uma marca.

O designer Ronald Kapaz (2011) acredita que o branding trouxe aos projetos de construção de identidades de marca uma nova visão estratégica e introduziu perspectivas diferentes no processo, reincorporando a dimensão simbólica do design em sua essência. Kapaz afirma que os sócios da Oz Design começaram a pensar o design pela perspectiva do branding no ano 2000, após um congresso do International Council of Graphic Design Associations (Icograda) na Austrália, em 1999, quando tiveram contato com o case da Olimpíada de Sydney apresentado pela instituição responsável pelo design de toda a identidade visual do evento.

O designer e arquiteto Antônio Roberto de Oliveira (2011) declara que em 1998, no Canadá, participou da 10ª Conferência Internacional de Identidade Corporativa – promovida pelo Design Management Institute (DMI) –, cujo tema era "Branding, o imperativo para o próximo milênio". No evento, o designer teve o primeiro contato com o branding, fato que mudou definitivamente o rumo de sua carreira, a começar pelo tema do projeto de mestrado que, de tipografia, passou para branding. Oliveira conta que, na ocasião, ficou profundamente impressionado com a nova disciplina, amplamente discutida pelos participantes da conferência – designers oriundos de diversos países do mundo –, que no Brasil ainda era desconhecida pela maioria dos designers. Para Oliveira, com o seu pouco conhecimento até então, o branding era totalmente ligado à atividade de administração de empresas e não estava associado à atividade do design. No evento, ele pôde estabelecer contato com vários profissionais e empresas de design que já trabalhavam com branding, como as agências Landor, Addison e Fitch.

Logo após voltar do Canadá, o designer redirecionou o tema da sua dissertação de mestrado (Oliveira, 1999) e começou a estudar branding com livros estrangeiros, pois no Brasil ainda não havia títulos em português sobre o tema. Uma das primeiras obras utilizadas foi o livro *Corporate Identity*, do designer inglês Wally Olins. Segundo Oliveira, apesar de a tradução do título do livro ser "identidade corporativa", o assunto era branding. Outras fontes de informação foram obtidas no intercâmbio com os designers estrangeiros que Oliveira conheceu no evento, que lhe enviavam seus portfólios e alguns materiais e textos que produziam sem revelar grandes conteúdos metodológicos. A defesa da sua dissertação foi em 1999.

No início dos anos 2000, a designer Ana Couto acabava de voltar dos Estados Unidos, onde morou por cinco anos. Lá ela fez mestrado em design no Pratt Institute e conheceu um mercado de design mais maduro e profissionalizado. Ana cita os projetos de redesenho de identidade das marcas Varig e Bradesco – delegados à agência norte-americana Landor – como um dos primeiros indicadores que despertaram nos designers brasileiros a percepção sobre a necessidade de incorporar o branding ao projeto de identidade visual, prática não adotada no Brasil naquela época. Diante dessa demanda, Ana buscou nova capacitação. Para isso, a designer procurou estudar e entender os processos de trabalho desenvolvidos pelas empresas internacionais – como a própria Landor – e voltou aos Estados Unidos para fazer uma "imersão" nos principais escritórios norte-americanos de branding. Estabeleceu uma parceria internacional com a agência Addison para entregar aos clientes brasileiros projetos com uma visão de branding mais apurada. Assim, seu escritório começou a desenvolver projetos de identidade de marca – e branding – para empresas brasileiras. "Esse intercâmbio foi muito importante pra gente, pois proporcionou um conhecimento sobre a cultura do cliente, ampliando a visão do mercado nacional" (Couto, 2012). A parceria com a agência norte--americana permitiu que Ana Couto formatasse, enfim, a entrega do branding do seu escritório.

Outro escritório que também estabeleceu uma operação conjunta com um escritório de branding e design estrangeiro foi o Cauduro Associados. A parceria, firmada com a consultoria norte-americana Lippincott, surgiu em virtude do projeto de revitalização da marca da Companhia Vale do Rio Doce, a Vale (ver capítulo 7). Carlos Dränger (2011), arquiteto e diretor de projetos do escritório, destaca a competência da Lippincott no desenvolvimento das estratégias de branding e afirma que as empresas estrangeiras estão mais bem preparadas para trabalhar as estratégias das marcas, enquanto os escritórios de design brasileiros – como o próprio Cauduro – são mais eficazes nas fases de detalhamento e implementação do design. Dränger acredita que isso ocorra porque as empresas estrangeiras foram mais fortemente influenciadas pela publicidade, e as brasileiras (de design), pela arquitetura.

Hugo Kovadloff (2011) destaca a impressionante apresentação, presenciada por ele, feita pela Landor aos dirigentes da Varig no projeto anteriormente mencionado. Absolutamente diferente de tudo o que era feito até então pelos escritórios de design brasileiros. "Em primeiro lugar, foi apresentada uma análise do mercado da aviação comercial no mundo. Na época [anos 1990], a Varig passava por um momento de crise: o mercado da aviação estava mudando, e a empresa se preocupava com o futuro da aviação e a forma como o seu negócio era gerenciado" (Kovadloff, 2011). O designer relembra a abordagem adotada pela Landor, que na apresentação afirmou: "Somos uma consultoria de marca e, com nossa experiência global no segmento da aviação, podemos ajudar a Varig a se reposicionar no mercado". Kovadloff ressalta: "Essa abordagem, sob o ponto de vista do negócio, não era usual no nosso meio".

No início da década de 1990, algumas empresas estrangeiras de design manifestaram interesse em atuar na América Latina. A Interbrand, a FutureBrand e a própria Landor abriram escritórios no Brasil, despertando a atenção dos designers brasileiros para o trabalho desses novos concorrentes. Na inauguração do escritório da FutureBrand na Argentina, Kovadloff surpreendeu-se ao ver algumas apresentações de projetos dessa consultoria que não mostravam apenas o desenho e o manual de aplicação, mas também os números de evolução do cliente, o que aconteceu depois do desenho da marca, da atualização da sua identidade ou, ainda, do reposicionamento da marca desse cliente no mercado. Ou seja, mostrou-se um design que se revertia em números, em um processo totalmente mensurável.

Um dos mais experientes profissionais de design em atividade no país, Lincoln Seragini teve o primeiro contato com o branding no ano de 1999, sem saber ainda que a atividade tinha esse nome. Na época, seu escritório estava trabalhando com dois clientes multinacionais dos quais ele recebeu um Brandbook.[2] Eram materiais oriundos das matrizes dessas empresas fora do país e diferentes dos manuais de padronização das marcas (ou manuais de identidade visual) que se desenvolviam no Brasil. Algo muito mais completo e totalmente novo para ele como diretriz para construção de uma marca. A partir daí, o designer começou a investigar e estudar, por conta própria, o que se fazia fora do país nos projetos de identidade de marca. Segundo Seragini (2012), o branding começou no exterior por volta do ano de 1992 com Wolf Olins e os designers ingleses, que, antes de desenharem a marca, buscavam também a história da empresa para sintetizá-la em uma ideia ou essência a ser refletida no desenho. Seragini acredita que "o branding nasceu dos designers; não nasceu no marketing, não nasceu na publicidade, não nasceu na academia".

Seragini menciona também o conceito de Brand Equity – proposto por David Aaker –, mais focado no gerenciamento de produtos, que também contribuiu para ampliar, no mercado, o conhecimento sobre a importância das marcas. O designer lembra que, na época, a agência norte-americana Landor tinha desenvolvido o BAV (sigla de Brand Asset Valuator), sistema de avaliação de marcas que se tornara um atrativo para captar clientes interessados em medir o valor de suas marcas no mercado.

---

2   O livro da marca. "Descrição única com textos e com imagens visuais que lhe dão vida e história. Geralmente dirigido a públicos internos, os livros da marca são desenvolvidos para contar a respectiva história em toda a sua constituição, garantindo consistência em sua aplicação. Muitas vezes, a história da marca está contida em uma publicação mais ampla que normatiza o uso da marca, o Manual de Identidade Visual" (Interbrand, 2008, p. 20).

Já o primeiro contato do designer e professor Marcelo Bicudo com um projeto de branding foi na agência de publicidade em que atuava, quando teve a oportunidade de trabalhar com a consultoria Thymus Branding, do publicitário Ricardo Guimarães. Essa foi uma experiência muito rica para ele, pois Bicudo participava de reuniões organizadas pela Thymus como membro do comitê de branding do Banco Real, cliente da sua agência. Por coincidência, como fornecedor do banco, Bicudo reencontrou os manuais de identidade corporativa desenvolvidos por ele próprio na ocasião em que trabalhou no Cauduro/Martino. O designer (Bicudo, 2011) afirma que pôde perceber, na prática, quanto aqueles manuais eram pouco flexíveis no que se referia à aplicabilidade da marca. Bicudo entendeu, então, que "para conseguir operar o branding como gestão e, sobretudo, como manifestação de marca, é preciso se ter uma experiência interdisciplinar na ponta final".

A experiência de trabalhar com Ricardo Guimarães proporcionou ao designer um grande aprendizado sobre metodologia, ética, estética e cultura de marca pela visão do branding, que era diferente daquela que ele, como designer e arquiteto, possuía até ali. Os comitês do banco geravam uma vivência muito rica, pois deles participavam diversos tipos de empresas – de design, publicidade, arquitetura corporativa, arquitetura de ponto de venda, eventos, endomarketing, ativação e promoção, dentre outros – e o gestor do branding tinha como missão integrar as diferentes linguagens para que ficassem alinhadas à essência e ao próprio código da marca do Banco Real.

Em meados da década de 1990, o designer carioca Ricardo Leite – diretor do então escritório Pós-imagem Design – ainda não trabalhava com projetos estratégicos. A necessidade de um reposicionamento foi despertada em 1997, quando participou de um evento na Federação das Indústrias do Estado de São Paulo (Fiesp) no qual um grupo de agências inglesas de design apresentou o seu trabalho aos empresários brasileiros. Do evento participaram as agências Wolff Olins, Conran Design Group e Matt Studio.

O designer ficou impressionado ao perceber que, nas apresentações dessas agências, pouco se falou sobre design: falou-se sobre negócios. "Foi genial porque aquilo mudou, deu um nó na minha cabeça" (Leite, 2012). Ele lembra que, na época, pensou:

> Eles estão totalmente certos. A gente está aqui sem vender design. A gente está vendendo design. A gente chega lá e fala da tipografia, a gente fala da cor, a gente fala do resultado, do efeito, não sei o quê [...] O empresário, eles só querem saber o seguinte: vai dar resultado? Não vai? Vai me trazer benefício em quê? O que você tem que vender pra ele é outra coisa, não é design. (Leite, 2012)

Assim, Leite, por conta própria, imergiu em leituras, pesquisas e estudos para aprender a "vender o design" de maneira mais alinhada às expectativas e aos interesses dos clientes. Os estudos o levaram a reflexões que resultaram no livro *Ver é compreender*,[3] um modo de tentar organizar e explicar, para ele próprio e para os seus clientes, a atividade que o designer fazia. E o Pós-imagem Design, reposicionado, transformou-se em Crama Design Estratégico. Essa mudança não se refletiu apenas no nome da empresa; mudou a proposta de serviço e, consequentemente, o porte e a estrutura do escritório. A empresa deixou de ser uma agência de design gráfico com cerca de quinze pessoas para incorporar uma equipe de profissionais de atendimento, estratégia, redação, arquitetura, motion design, web design e design de produto que, atualmente, contabiliza cerca de sessenta pessoas, em um time multidisciplinar.

Nesse sentido, apesar de o design já ser, de certa forma, uma atividade multidisciplinar, é correto afirmar que a inclusão do branding demandou a composição de equipes multidisciplinares na rotina dos projetos, para propiciar uma nova forma de elaboração do pensamento em busca da solução ideal para a construção da essência e da estratégia da marca. A maioria dos designers entrevistados afirma que a inclusão de novos profissionais – como sociólogos, antropólogos e profissionais de planejamento estratégico, dentre outros – em suas equipes se fez de forma pontual, conforme a necessidade de cada projeto. Alguns escritórios, com estruturas maiores – como FutureBrand, Ana Couto Branding, Tátil Design, Epigram e Gad Design –, contam com profissionais especializados para compor departamentos internos de

---

3   LEITE, Ricardo de Souza. *Ver é compreender: design como ferramenta estratégica de negócio.* Rio de Janeiro: Editora Senac, 2003.

planejamento e estratégia de branding, além das equipes de design. A equipe da Epigram, de Marcelo Bicudo, é composta em sua maioria por profissionais formados em publicidade e design gráfico, mas dispõe também de redatores e profissionais de planejamento com formação em marketing e, ainda, desenhistas industriais que começaram a trabalhar com design thinking, além de arquitetos e profissionais especialistas em tratamento de imagem.

Já as equipes da Und Corporate Design, da PVDI, da Oz Design e do Cauduro Associados (nome do escritório à época da entrevista) são predominantemente compostas por designers e arquitetos. Recentemente, esses dois últimos escritórios contrataram profissionais de mercado oriundos de consultorias de branding para desenvolver o trabalho de estratégia nos projetos em que esta é requerida.

Portanto, a difusão internacional do branding no campo do design fez os designers brasileiros e os clientes (gestores de marca de forma geral) perceberem a necessidade de introduzir a nova prática em seus projetos de construção de identidade de marca para alinhá-los a uma tendência mundial do mercado. O que enfim se observa é que, no início de 2000, os conceitos e fundamentos teóricos da gestão de marcas começaram a ser incorporados à metodologia dos designers brasileiros de forma autodidata e, em alguns casos específicos, por meio de parcerias operacionais.

Um novo perfil profissional

Nas entrevistas, buscou-se saber o perfil profissional e os conhecimentos necessários para que o designer atue em projetos de branding.

Para Hugo Kovadloff, em geral falta ao designer brasileiro um maior conhecimento sobre algumas disciplinas ligadas ao marketing, ao mercado, à gestão e ao negócio. Muitas vezes, afirma o designer, em um processo de construção ou gestão de uma marca, a interlocução do designer se dá diretamente com o presidente da empresa, e o profissional precisa ser capaz de dialogar com esse líder, iluminando as questões com sua visão multidisciplinar e contribuindo, assim, para o processo de gestão da marca.

Ana Couto concorda com essa afirmação e entende que falta aos designers uma visão de marca enquanto gestão de negócio. "Os designers saem da faculdade com pouca visão de negócio, de que a marca precisa ser um ativo real e gerar valor para o acionista" (Couto, 2012). Além da visão de negócio, ela considera importante o estudo de outras disciplinas, como cultura geral, para obter um melhor entendimento das questões do branding. Ana relata que ela mesma, desde cedo, quando ainda cursava a faculdade de design, sempre teve interesse em estudar e conhecer mais sobre filosofia, antropologia e artes plásticas. Participava de grupos de estudo de filosofia e fazia cursos livres nessas áreas, além de ter cursado, por dois anos, a faculdade de antropologia. Tais conhecimentos enriqueceram o repertório teórico dessa profissional e facilitaram seu trânsito para o contexto do branding.

Já Marco Antônio Amaral Rezende (2012), ex-diretor do Cauduro Associados, declara que sua formação acadêmica – ligada às ciências da comunicação – e seu conhecimento de disciplinas como a filosofia e a linguística contribuíram para que ele acrescentasse um diferencial conceitual aos projetos de identidade de marca do escritório desde o início de sua participação. Mais recentemente, passou a estudar também psicanálise, principalmente Freud e Lacan, para ampliar seu repertório e sua visão crítica do mundo, aperfeiçoando sua formação para o trabalho de branding.

Marcelo Bicudo ressalta a importância dos cursos de pós-graduação em branding para capacitar os designers a atuar nos projetos de construção de marca com base nessa disciplina. Para o professor, a graduação é o básico e, por isso, tem que ser generalista. Bicudo (2011) entende que o curso de design deveria ser "uma trilha do curso de arquitetura", pois considera fundamental os alunos desenvolverem, na graduação, uma formação espacial que os habilite para o desenvolvimento de projetos de sinalização e de ambientação, já que as cidades de hoje são grandes espaços de consumo.

Ainda no contexto da capacitação dos designers que atuam com branding, é importante registrar a existência do primeiro curso de pós-graduação em branding do Brasil, nas Faculdades Integradas Rio Branco, em São Paulo, fundado pelo designer e professor Antônio Roberto de Oliveira. Após a conclusão do mestrado, Oliveira seguiu aprofundando os estudos sobre branding e, em 2001, teve a oportunidade de estruturar e montar o programa de pós-graduação. Segundo o designer, o primeiro projeto pedagógico do curso contemplava muito o design pois, para ele, era muito claro que o branding estava ligado ao design. O curso possuía poucas disciplinas de estratégia; incluía design gráfico, design de produto e design de ambientes. A primeira turma já contava com muitos designers e, também, profissionais de marketing. O corpo docente era formado por importantes designers brasileiros – como Hugo Kovadloff, Lincoln Seragini e Marcelo Aflalo, dentre outros –, e isso contribuiu para que o curso adquirisse uma reputação positiva desde o início. Recentemente, a grade curricular do curso foi alterada e passou a detalhar melhor o processo de estratégia de marca, entendendo o processo de branding como um todo. Agora, o aluno conhece as etapas de pesquisa, estratégia, plataforma de marca, design, missão, visão e valores e, ainda, aprende sobre análise semiótica e tudo o que estiver ligado ao marketing da estratégia da marca.

Em meados da década de 2000, Oliveira já havia se consolidado como um importante especialista em branding no Brasil e logo começou a fazer consultorias e programas de capacitação para designers e escritórios de design brasileiros. O PVDI, escritório carioca fundado por Aloísio Magalhães e até hoje dirigido por dois designers da geração pioneira (Rafael Rodrigues e Nair de Paula Soares), foi uma das empresas que enviaram a São Paulo designers de sua equipe a fim de capacitá-los no desenvolvimento de projetos que envolvessem estratégia de branding.

Oliveira entende que a metodologia para o branding não é única. Ela vai migrando, mudando de caso e se adaptando à linha de conduta de cada profissional. Segundo ele, existe uma trajetória comum de pesquisa, investigação, estratégia, desenvolvimento de design e experiência de marca. Esse processo se sobrepõe – e adquire mais valor – ao ser associado à experiência profissional do designer que o conduz.

Para a maioria dos designers entrevistados, a metodologia adotada em seus projetos de construção de marcas é um misto entre o que aprenderam nos estudos sobre branding e a própria prática anterior a esse processo. Alguns escritórios registraram metodologias próprias com nomes exclusivos, como "Método Crama" (por Crama Design Estratégico), "Brainds" (por Und Corporate), "Habitat de Marca" (por Seragini Design) e "Bretail" (por Epigram), as quais serão brevemente comentadas a seguir.

Norberto Chamma (2011) explica que, assim como o design, o branding é uma atividade projetual. Segundo ele, a "Brainds" é adotada em todos os projetos de construção de marcas do escritório como um método racional e sistemático, no qual ele apresenta ao cliente uma matriz com todas as etapas do projeto e as justificativas técnicas e racionais que o conduzirão ao entendimento das soluções propostas pelo design.

No início dos anos 2000, já dominando o processo de gestão da marca integrado ao campo do design, Lincoln Seragini e seu então sócio Sérgio Guardado escreveram um artigo sobre branding publicado na Revista da ESPM cujo título era "Habitat de Marca: branding brasileiro" (Seragini & Guardado, 2003). O texto explicava os principais conceitos do branding e apresentava, esquematicamente, a metodologia "Habitat de Marca", desenvolvida e praticada desde então pela Seragini Farné Guardado. No artigo, os autores definiam o conceito da metodologia, a saber:

> Habitat de Marca é um programa de construção e expansão contínua da marca. Cuidar do habitat é criar, proteger e expandir o território de ação da marca.
>
> Cuidar do habitat é zelar para que cada expressão da marca seja:
>
> a) Uma reafirmação criativa de sua ideia original;
> b) Um instrumento de sua estratégia de conquista.
>
> (Seragini & Guardado, 2003, p. 56)

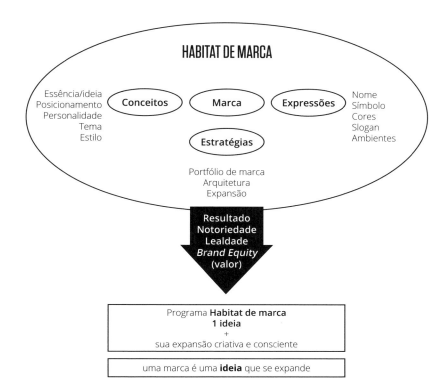

Figura 3.1

Conceito do Habitat de Marca® segundo Seragini e Guardado.

Fonte: Seragini & Guardado, 2003, p. 57.

O designer Marcelo Bicudo declara que a atuação com branding impulsionou a Epigram a fazer uma série de pesquisas para separar o entendimento do que é classe social e do que é comportamento de consumo. A empresa passou a trabalhar com o conceito de "clusters comportamentais" e criou um *framework* próprio de trabalho denominado "Bretail" – uma junção dos termos branding e *retail* (ou seja, "branding para o varejo") –, resultante da experiência de sua equipe com criação de ambientes para arquitetura comercial, comportamento de consumidor, construção e sustentação de marcas e comunicação no ponto de venda. O designer não considera o "Bretail" propriamente uma metodologia porque ele é um processo totalmente adaptável às necessidades de cada projeto. É uma oferta estruturada de serviço da empresa pela qual se olha para a comunicação da marca de uma forma completa. Bicudo confirma que essa nova oferta abriu muitas oportunidades de mercado para a Epigram e estimulou fortemente o crescimento da empresa.

Já o Método Crama foi desenvolvido por Ricardo Leite aos poucos, com base na metodologia tradicional de design e na sua experiência (e na de sua equipe) ao longo dos anos.

Figura 3.2
Método Crama®.

Fonte: disponível em www.crama.com.br.
Acesso em 16-5-2013.

1. Trazemos o cliente para o processo criativo e suas opiniões são preciosas para que nosso time de especialistas vivenciem e desvendem suas necessidades.

2. O pensar estratégico antecede o processo criativo e garante coerência, pertinência e adequação dos resultados.

3. Conjunto bem articulado de comunicações transmitidas por meio de mensagens, formas, conteúdos, sensações aparências, materiais e expressões.

3.1 Pessoas são movidas por emoção. Mais do que nunca, o design é forma e função, acrescidas de emoção estrategicamente planejada.

3.2 Responder aos desafios e objetivos do cliente associando à sua marca os valores e significados que geram identificação com o seu público.

Os nomes mais citados pelos entrevistados como principais autores estudados foram os de Wally Olins e David Aaker e, como uma referência mais atual, o da designer Alina Wheeler. Para Marcelo Bicudo, além de Olins, o filósofo Vilém Flusser é um importante autor para iluminar as discussões e conceituações dos seus projetos. Ele também se utiliza da semiótica discursiva como ferramenta para análise de comportamento de consumo e comportamento cultural, em um processo que ele chama de "desmontagem semiótica".

Sobre as principais diferenças entre a metodologia de construção de marca com e sem a utilização do branding, Bicudo declara que atualmente, na Epigram, de 60% a 70% do tempo de projeto é dedicado à estratégia. Por isso, o escritório passou a se aproximar cada vez mais de uma consultoria para a criação de estratégias e de conceitos integrados. Ele entende que, com o branding, a linguagem (visual) representa 30% de todo o processo de construção da marca, enquanto anteriormente, quando não se falava em branding, o percentual era de 100%.

A contribuição da diversidade de formações

Também se realizaram entrevistas com profissionais de branding não oriundos do campo do design, para obter a visão deles sobre a atuação dos designers em projetos de branding. Foram entrevistados Laura Garcia Miloski, da Interbrand, Marcos Machado, da Top Brands, e Ricardo Guimarães, da Thymus Branding.

Segundo o administrador de empresas Marcos Machado (2011), quando se fala em branding, há em pauta basicamente duas atividades estratégicas: definição de posicionamento e arquitetura das marcas, no sentido de como se relacionam e explicam a oferta da empresa. Em torno dessas duas atividades centrais existem outras tantas, como design, atividades de comunicação e integração dos pontos de contato, atividades de criação de nomes e pesquisa para avaliação de força de marca. Ou seja, ele entende que o design é uma atividade auxiliar no processo de gestão das marcas.

Machado critica a crescente quantidade de empresas de design que, segundo ele, dizem fazer branding sem entender completamente o que vem a ser essa atividade. Para ele, poucas empresas de design que entenderam o que é branding estão tentando entregar um trabalho no escopo completo – ou, pelo menos, mais estratégico. Em sua opinião, a maioria continua entregando o design do passado, menos compromissado com a estratégia.

O consultor entende que tanto as consultorias de branding como os escritórios de design que fazem branding possuem uma vulnerabilidade em sua atuação. As consultorias que não possuem designers têm, como principal desafio, promover a implantação e a integração dos pontos de contato. Já as empresas com foco e origem no design terão vantagens nessa fase, mas poderão carecer de uma maior visão de negócio.

Ricardo Guimarães entende que o branding é uma abordagem de gestão; não é um serviço nem uma ferramenta. Ele assegura que sua empresa faz a instalação do branding do cliente em sua cultura. Os consultores ajudam a criar as ferramentas e a capacitar as equipes e os parceiros do cliente a utilizar esses recursos. "O escopo é a gestão da cultura – inclui, portanto, identidade, linguagem, ética, estética, mercado, percepção de valor, etc. E o design gráfico é uma das dez mil disciplinas de execução" (Guimarães, 2012).

Laura Garcia Miloski, da Interbrand, percebe o branding como "um design do pensamento" (Miloski, 2011). A jornalista afirma que, em seu trabalho, não basta ter um discurso estratégico. Há que se criar o conceito, fazer diversas entrevistas e pesquisas e entregar um "pensamento" ao cliente. Para ela, a vantagem da consultoria de branding que tem um departamento de design interno é o designer conseguir tornar esse conceito tangível. Laura acredita que o ideal é colocar a equipe de design unida ao processo, participando de todas as fases do trabalho com toda a equipe. Isso seria muito raro de acontecer porque, em geral, o designer ainda fica muito concentrado na criação. Mas Laura ressalta que, quando o designer entende a real necessidade do cliente, entrega-se um projeto muito melhor, mais completo e definido.

Os três especialistas em gestão de marcas concordam que o design é a ferramenta que concretiza e torna visível a estratégia proposta para as marcas em um processo de branding. E que os designers, por formação, têm a vantagem de dominar o instrumental teórico e prático para transformar essa estratégia em algo real e visível. A inclusão do branding tornou-se um diferencial competitivo dos escritórios de design que o adotaram em suas práticas. Todos os entrevistados, sem exceção, corroboram essa afirmação.

Antônio Roberto de Oliveira considera que o branding associado ao design tornou-se um diferencial competitivo para essa atividade, visto que, anteriormente, os clientes consideravam o projeto gráfico um "embelezamento" e, agora, encontram nele um maior valor agregado, além do visual. Ele comenta, ainda, que a postura do designer que trabalha com branding também mudou: deixou de se apresentar como um "artista criativo" para expor um trabalho com metodologia, dados estatísticos e resultados de pesquisa que revelam um trabalho projetual, solidamente embasado em conceitos, estatísticas e conhecimentos.

Nesse contexto, Lincoln Seragini declara seu envolvimento direto no processo de gestão da marca com os clientes para disseminar os atributos e valores da marca na cultura interna do cliente e orientar o departamento de marketing. Assim, ele começou a ajudar as empresas a organizar os seus comitês de gestão de marca e passou a fazer parte deles. Nesse processo, primeiro se forma o comitê estratégico; depois, nascem os comitês temáticos de marketing, de experiência do consumidor, de recursos humanos, de inovação, de responsabilidade social e ambiental, ou qualquer outro. O escritório participa de todo o processo de gestão e elaboração de uma marca: faz pesquisa – principalmente para descobrir a história e o imaginário da marca –, descobre sua essência, que retrata no desenho e evolui para o storytelling.[4]

Ricardo Leite, no entanto, acredita que ainda existe o desafio de educar os clientes para que entendam e valorizem a importância desse trabalho. Para ele, o mercado ainda está compreendendo o que o design pode proporcionar, e somente as empresas que já vivenciaram um projeto de design estratégico conhecem esse valor e entendem por que os honorários pertinentes são mais elevados.

Para Marcelo Bicudo, o branding transformou os designers em figuras mais estratégicas. Entretanto, o designer entende que isso pode se tornar "uma armadilha", pois o branding clássico é uma evolução de uma série de metodologias de comunicação integrada, e uma repetição de fórmulas pode levar a um esvaziamento dos escritórios ou a uma repetição do design que se fazia anteriormente, sem o valor da estratégia.

Carlos Dränger concorda que o branding agregou valor ao próprio processo do design e favoreceu uma melhor remuneração dos projetos. Se, por um lado, a tecnologia mudou o processo de trabalho e reduziu o custo dos projetos de identidade visual, por outro a inclusão do

---

4   A iniciativa de contar histórias da marca que se desenvolve para obter relevância com o público. Disponível em www.mudodomarketing.com.br. Acesso em 12-1-2013.

branding – e de um pensamento estratégico – contribuiu para agregar valor às marcas desde a sua criação, adicionando um diferencial absolutamente necessário para acompanhar a tendência do campo do design de identidades visuais e a própria visão de marca em todo o mundo.

PARTE II
COMPARATIVO DE *CASES*

CAPÍTULO 4

IDENTIDADE VISUAL INDÚSTRIAS VILLARES

As informações para este estudo de caso foram obtidas em entrevistas realizadas com o arquiteto João Carlos Cauduro, no Cauduro Associados,[1] em 6 de setembro de 2012 e 25 de junho de 2013, e com os designers Sonia Valentim de Carvalho (em 16 de janeiro de 2013) e Nelson Graubart (em 11 de março de 2013), que forneceram fotografias e documentos da época em que ambos trabalharam na Villares. Também são fontes de informação a matéria publicada sobre o escritório Cauduro/Martino na revista Acrópole (1971) e a dissertação para o mestrado de Celso Carlos Longo Júnior.

Histórico da empresa

A Villares surgiu em 1920, com o nome de Pirie, Villares & Cia, e foi fundada por Carlos Dumont Villares como uma pequena oficina de engenharia mecânica e elétrica especializada em montagem, instalação e manutenção de elevadores importados na cidade de São Paulo.

A empresa ampliou suas atividades em 1926, quando assumiu a representação das geladeiras elétricas Frigidaire, recém-lançadas nos

---

1   Escritório de design fundado em 1964 por João Carlos Cauduro e Ludovico Martino. Posteriormente, Marco Antônio Amaral Rezende, Carlos Dränger e Angelo Garcia entraram como diretores associados. Ludovico Martino faleceu em 2011.

Estados Unidos. No mesmo ano, Dumont Villares assinou contrato de assistência técnica e tecnológica com a norte-americana Westinghouse, pelo qual obteve informações essenciais à fabricação de peças de elevadores. Em 1935, foi criada a marca Elevadores Atlas. A metalúrgica se fortaleceu ao suprir o mercado interno com matérias-primas, cujo fornecimento fora interrompido durante a Segunda Guerra Mundial. Diante da urbanização e da industrialização das cidades, em 1944 foi constituída a Aços Villares SA para comercializar barras, chapas e peças fundidas de aço importadas e nacionais. Na década de 1950, depois de incorporar a Divisão de Metalurgia de Elevadores Atlas, instalada em São Caetano do Sul, a Aços Villares passa a fabricar produtos siderúrgicos, aços nobres, forjados e fundidos, iniciando, assim, seu primeiro estágio de desenvolvimento tecnológico no setor.

A Villares tornou-se um poderoso conglomerado industrial, constituído por três grandes grupos: grupo siderúrgico (Aços Villares e Villares Indústrias de Base VIBASA); grupo bens de capital (Equipamentos Villares/Divisão Equipamentos, Divisão de Produtos Ferroviários, Divisão VIGESA, Setor de Engenharia de Sistemas, Setor de Equipamentos de Movimentação de Minérios); grupo industrial (Indústrias Villares/Divisão Elevadores, Divisão Motores Elétricos, Divisão de Automação e Informática, Setor de Sistemas e Serviços de Informática, Setor de Eletrônica Digital e Eletrocontroles Villares).

Ao longo da década de 1990, o Grupo Villares foi desmembrado com a venda e a fusão de algumas das empresas do grupo. A divisão responsável pela fabricação de elevadores e escadas rolantes foi separada e passou a se chamar Elevadores Atlas SA. Logo depois, foi comprada pelo grupo Schindler e recebeu o nome de Elevadores Atlas Schindler. A Aços Villares foi adquirida por um grupo multinacional, e pode-se considerar que o grupo encerrou suas atividades no fim da década de 1990.

Histórico da visualidade Villares

A identidade visual das indústrias Villares foi projetada em 1967. Segundo João Carlos Cauduro, foi feito um concurso fechado com vistas à criação de uma família de marcas para cada uma das empresas existentes que constituíam o grupo (e também para empresas futuras), para o qual foram convidados a participar o designer paulistano Alexandre Wollner e o escritório Cauduro/Martino, do qual Cauduro era sócio com Ludovico Martino.[2]

O projeto de identidade visual vencedor da concorrência foi o proposto pelo escritório Cauduro/Martino, que criou um sistema de símbolos para as quatro diferentes empresas Villares, formando uma identidade visual única e pioneira na época: tanto pela amplitude do projeto – que abrangia uma grande quantidade de itens – como pela solução dada à criação de um sistema integrado de símbolos para as diversas empresas Villares. Sobre essa solução visual, Martino (1972, p. 9) escreve: "O projeto apresentado, vencedor – resultante de um processo de metadesign –, partira de um 'brasão aberto', em que elementos permutáveis-componíveis podiam estruturar-se dentro das normas de um esquema". Na entrevista, João Carlos Cauduro afirma que esses novos símbolos foram concebidos independentemente de qualquer referência de signos anteriormente existentes da Villares. Apesar da semelhança existente entre as referências de algumas assinaturas visuais da Villares encontradas em fotografias (como na inicial "V" em forma de estandarte mostrada na figura 4.1), pode-se entender que o símbolo fora tratado conceitualmente como um novo signo, segundo as concepções de conceituação da época.

Figura 4.1

Assinaturas utilizadas pelas empresas do Grupo Villares antes de 1967.

Fonte: Martino, 1972.

---

2   Segundo João Carlos Cauduro, antes desse convite, o escritório Cauduro/Martino já trabalhava para a Villares projetando estandes para a Feira da Mecânica, que se realizava periodicamente em São Paulo.

A proposta formal para o símbolo partia de um sistema de seis quadrados e triângulos que se recombinavam em diferentes variações de posicionamento, produzindo os signos possíveis do sistema em dezesseis combinações nas quais a letra "V" – de Villares – mantinha-se constante em sua parte inferior. Essas variantes deveriam ser escolhidas para representar cada empresa do grupo já existente e também as que viessem a ser criadas.

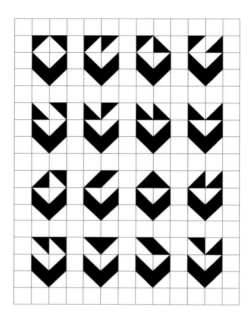

Figura 4.2

As dezesseis variantes do símbolo.

Fonte: Cauduro Associados.

A primeira variante – mostrada no canto superior esquerdo da figura 4.2 – continha o posicionamento mais privilegiado, e a ela foi atribuído o valor de "signo de comando", o qual definiria a "dinastia" ou a linhagem dos demais símbolos e o seu grau de autonomia no sistema. Esse signo foi inicialmente reservado para identificar uma futura fundação ou instituição da Villares de caráter cultural. A tipografia Univers foi estabelecida como o "alfabeto-Villares", nas versões em caixa-alta e caixa-baixa e em dois pesos possíveis: clara e meio-preta.[3] No logotipo, adotou-se a caixa-alta.

---

3   Corresponde, respectivamente, às séries 693 e 689 do catálogo geral Monotype (Martino, 1972, pp. 13-21).

Em 1972, o projeto de identidade visual da Villares foi publicado como tese de doutorado de Ludovico Martino pela FAU-USP e também na já citada revista *Acrópole*.

O sistema visual proposto pelo Cauduro/Martino atribuía quatro símbolos e quatro cores distintas a cada uma das quatro empresas do grupo existentes na época:

- o azul para Aços Villares SA;
- o verde para Ferropeças Villares SA (conhecida também por VIBAR Indústria e Comércio);
- o vermelho para Indústrias Villares SA – Divisão Elevadores;
- o amarelo para Indústrias Villares SA – Divisão Equipamentos.

Figura 4.3

Símbolos diferenciados para representar as diferentes empresas do grupo.

Fonte: Cauduro Associados.

Estabelecido o código com os quatro símbolos e as respectivas cores, os primeiros elementos da identidade visual foram implantados. No entanto, com o passar do tempo e diante das necessidades de aplicação que surgiam, Cauduro e Martino perceberam que a percepção de corporação tornava-se enfraquecida pela utilização dos diferentes símbolos e, principalmente, pelo uso enfático das quatro cores distintas. "Cada empresa tinha uma identidade tão forte que desconstruía a ideia de grupo", conta João Carlos Cauduro.

Nesse contexto, em um dado momento de mudanças administrativas na Villares, Cauduro e Martino aproveitaram para sugerir a Luiz Diederichsen Villares – então vice-presidente executivo e responsável pela imagem da empresa – que se reformulasse a identidade visual. Luiz aceitou o desafio, e o projeto foi revisto pelo Cauduro/Martino, propondo que as quatro variantes do símbolo fossem unificadas em um único sinal, de cor preta, que facilitava o uso em qualquer aplicação.

Figura 4.4

Relações símbolo/ logotipo após a revisão do projeto, em 1970.

Fonte: Longo Júnior, 2007, p. 41.

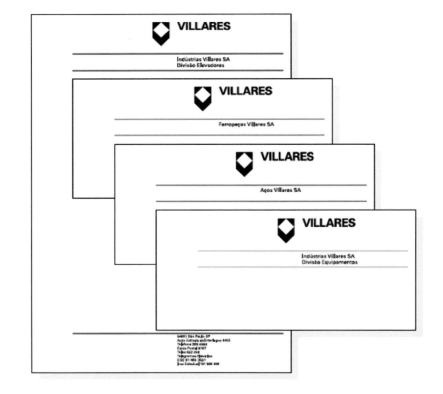

Figura 4.5

Apresentação da papelaria na fase de transição para a identidade visual unificada.

Fonte: Longo Júnior, 2007, p. 43.

A transição entre o uso das quatro cores e dos símbolos para a adoção da identidade visual unificada foi gradativa. Por um certo período, as cores coexistiram com um único símbolo – já preto – e foram adotados fios coloridos como elementos de apoio, para ser feita a distinção entre cada empresa do grupo. Após essa fase, novamente foram construídas todas as manifestações visuais para as indústrias do grupo Villares, já adotando o preto como única cor institucional.

Com a nova diretriz, os elementos básicos do código de identidade visual foram revistos: o uso do símbolo foi ampliado tanto na versão a traço (somente em contorno) como na chapada (ou preenchida) e podia se associar ao logotipo Villares em duas relações de proporção e três posicionamentos, flexibilizando suas possibilidades de aplicação (ver figura 4.6). A tipografia Univers foi mantida, e o novo código incluía a expansão das ramificações empresariais e suas respectivas assinaturas, tanto para designar as divisões da empresa como para identificar os produtos.

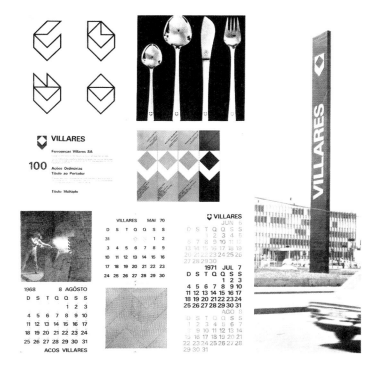

Figura 4.6

Exemplos das manifestações visuais da Villares.

Fonte: "Identidade corporativa...", 1971.

No texto da revista *Acrópole*, Cauduro e Martino afirmam que a profunda consciência das funções e dos significados da identidade corporativa por parte da alta diretoria da Villares trouxe a necessidade de um complexo trabalho de unificação e planejamento de todas as manifestações visuais da organização. Para realizar essa tarefa, foi feito um minucioso e extenso levantamento de todas as necessidades da Villares, realizado em conjunto com um grupo de trabalho sob a direção da presidência da empresa.

Em 1971, e com auxílio do escritório Cauduro/Martino, a Villares implantou um departamento de comunicação, que se dedicava a desenvolver os materiais de comunicação interna da empresa. O designer Nelson Graubart trabalhou nesse departamento desde o início, elaborando os materiais mencionados e também dando suporte à execução dos projetos desenvolvidos pelo Cauduro/Martino na época. Por volta de 1974, o departamento assumiu a responsabilidade de desenvolver alguns materiais que até então eram criados pelo escritório de design (como cartões de Natal, calendários e relatórios anuais da Villares). Ainda sob a gestão de Luiz Diederichsen Villares, a área passou a se chamar departamento de comunicação corporativa, e sua atuação não se limitava à comunicação interna da empresa. A equipe era composta por profissionais[4] que atuavam nas seguintes atividades: relações públicas, imprensa, publicidade e propaganda e comunicação visual. Graubart (2013) afirma que Luiz Villares sempre teve uma enorme preocupação com a imagem corporativa da empresa. "Naquela época, ainda não se usava o termo 'branding', mas o dr. Luiz já tinha uma visão de que a empresa precisava cuidar da imagem da sua marca em todos os aspectos e não apenas no visual. Ou seja, de certa forma já faziam branding", completa o designer. Essa afirmação confirma o entendimento que o executivo tinha de que a "imagem" da corporação era algo mais abrangente do que apenas as manifestações físicas da marca.

Em 1971, o Cauduro/Martino completou o desenvolvimento do novo *Manual de identidade visual*, com 64 páginas. Em 1977, ele passou a ser integrado e distribuído aos funcionários como *Sistema de Normas Villares*. Produzido pelo Cauduro/Martino, o documento contribuía para

---

4   A equipe era formada por um jornalista, um profissional de relações públicas, um designer e um gerente que coordenava o trabalho da agência de publicidade que atendia a Villares na época, a Almapp.

o controle e a correta implantação da identidade visual da empresa. O departamento de comunicação corporativa se responsabilizava por manter a identidade visual da corporação e pela gestão dos rigorosos parâmetros nele descritos, reportando-se diretamente a Luiz Villares. Longo Júnior (2007) menciona, em sua dissertação, que, após o lançamento desse documento, qualquer alteração de diretrizes e de itens de desenho passou a ser feita apenas mediante a assinatura do presidente da empresa.

Figura 4.7

Manual de identidade visual da Villares.

Fonte: "Identidade corporativa...", 1971, p. 19.

A designer Sonia Valentim de Carvalho – que trabalhou no departamento de comunicação da Villares de 1979 a 1983 como técnica em identificação – também foi entrevistada para esta pesquisa. Segundo ela, todos os impressos e peças de comunicação da empresa eram criados internamente pelo departamento: desde jornais internos e revista voltada para o público externo até peças institucionais e promocionais, como calendários e cartões de Natal. Sonia ratifica que havia um extremo rigor para garantir o correto uso da marca, mas conta que também existia certa liberdade para a criação de outros tipos de impressos, como os calendários e os cartões de Natal da Villares.

Graubart afirma que ele e sua equipe sempre tiveram a liberdade de propor soluções arrojadas para as peças que criavam para a Villares, tanto do ponto de vista do conceito como do ponto de vista da produção. "Tínhamos à mão os melhores materiais e a possibilidade de trabalharmos com os melhores profissionais do mercado: das gráficas aos fotógrafos" (Graubart, 2013).

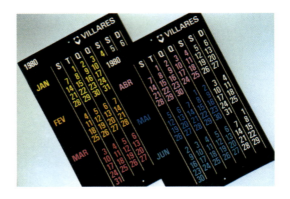

Figuras 4.8, 4.9 e 4.10

Calendário institucional, relatórios anuais e embalagens de produtos da Villares.

Fonte: arquivo de Sonia Valentim de Carvalho.

Escopo e forma de apresentação do projeto

O projeto de identidade visual foi apresentado, na concorrência, em pranchas montadas com a marca e suas diversas manifestações, e o sistema de signos para o símbolo foi entregue com um memorial escrito por Décio Pignatari.

Já na tese de Ludovico Martino aparecem, como escopo do programa de identidade visual, os seguintes itens:

1.   Elementos básicos
1.1   Símbolo Villares;
1.2   Logotipos;
1.3   Conjunto símbolo/logotipos;
1.4   Alfabeto padrão;
1.5   Cor código.

2.   Impressos
2.1   Administrativos: papel correspondência, envelopes, memorando, cartão de visita;
2.2   Contábeis: notas fiscais, duplicatas e faturas, recibos, listas de pagamento, relatórios;
2.3   Operacionais: relatórios, propostas, manuais técnicos, catálogos técnicos, projetos;
2.4   Promocionais: todo o material promocional impresso e passível de padronização, catálogos de venda;
2.5   Institucionais: todo o material institucional impresso e passível de padronização; relatório de diretoria, catálogos, cartão de Natal, etc.

3.   Embalagens
3.1   Comerciais;
3.2   Transporte;
3.3   Promocionais;
3.4   Etiquetas.

4. Uniformes
4.1 Produção: uniformes de operários e técnicos, capacetes;
4.2 Manutenção: uniformes de mecânicos e reparadores de elevadores Atlas;
4.3 Serviços diversos: motoristas, mensageiros, guardas, garçons, etc.;
4.4 Visitantes: guarda-pós, crachás, capacetes, etc.;
4.5 Recreativos: camisas de grêmio esportivo, etc.

5. Frota de veículos
5.1 Terrestres leves;
5.2 Terrestres pesados;
5.3 Diversos.

6. Sinalização das instalações
6.1 Interna: edifícios e fábricas;
6.2 Externa: edifícios, fábricas, revendedores, obras, orientação.

7. Produtos
7.1 Indústrias Villares SA – Divisão Elevadores;
7.2 Indústrias Villares SA – Divisão Equipamentos;
7.3 Aços Villares SA;
7.4 Ferropeças Villares SA.

8. Equipamentos
8.1 Máquinas;
8.2 Instrumentos;
8.3 Mobiliário;
8.4 Restaurante;
8.5 Diversos.

9. Material promocional
9.1 Publicidade;
9.2 Promoção de vendas;
9.3 Brindes;
9.4 Displays.

(Martino, 1972, pp. 13-14)

Em sua entrevista, João Carlos Cauduro (2012) afirma que, em razão do ótimo relacionamento pessoal que ele e Ludovico Martino desenvolveram com a diretoria da empresa – em especial com Luiz Villares –, eles sempre se mantiveram por perto e atentos a toda e qualquer necessidade que surgisse em relação às demandas de design e arquitetura da Villares. Ele e sua equipe projetaram desde os principais impressos à sinalização das instalações da empresa, além de estandes para feiras e eventos e até linhas de elevadores, em 1978 e 1984.

Sobre essa dedicação do Cauduro/Martino na construção da imagem das Indústrias Villares, Longo Júnior escreve:

> Hoje é sabido que construir uma imagem corporativa consistente não acontece da noite para o dia. O escritório pôde vivenciar isso na prática, na medida em que trabalhou mais de dez anos – desde o concurso, em 1967, até o estabelecimento das "Normas Villares", em 1978 – debruçado sobre seu programa, desenhando, avaliando e reestruturando cada uma de suas etapas. (Longo Júnior, 2007, p. 39)

No texto da revista Acrópole (1971), os sócios do Cauduro/Martino refletem sobre a problemática da identidade corporativa:

> A programação visual tornou-se um instrumento da moderna administração de empresas. Os contatos não visuais de uma empresa com seus diversos públicos são cada vez menos numerosos. O vendedor, com seu rosto familiar, foi substituído pela propaganda, pela embalagem na prateleira do supermercado. Para muitas empresas, uma programação visual bem cuidada, capaz de refletir corretamente as atividades da empresa, a base de suas operações, projetar uma imagem apropriada ao mercado consumidor, é hoje um aspecto tão importante quanto a sua política financeira. Essencial para sua subsistência. [...] Sem um profundo envolvimento da alta diretoria, não é possível estabelecer um programa de identificação visual.

Exige um plano de trabalho a longo prazo, permanente e sistemático, no qual as duas partes – designer e cliente – devem agir sincronicamente. ("Identidade corporativa...", 1971, pp. 18 e 20)

O programa de identidade visual da Villares foi o primeiro desse porte desenvolvido pelo Cauduro/Martino. Longo Júnior afirma que o escritório se notabilizou e inovou – já na década de 1960 e, mais especificamente, no caso do trabalho feito para a Villares – por unir visões de arquitetura e design que conferiam ênfase à imagem da empresa, sustentadas pelo amplo domínio que o escritório tinha sobre o desenho industrial e aplicadas diretamente aos seus produtos, evidenciando uma visão de branding[5] não usual nos anos 1960 no Brasil. Em sua entrevista, realizada em 2012, João Carlos Cauduro concorda com essa afirmação, dizendo que naquela época ele e Ludovico já faziam branding para a Villares, uma vez que acompanharam por um longo período, com a presidência da empresa, a gestão da marca com uma visão total: desde a criação do primeiro programa de identidade visual – incluindo os ajustes e revisões necessários – até a implantação do setor interno de comunicação, que supria as demandas diárias de comunicação da empresa respeitando as diretrizes estabelecidas para a marca. Segundo ele, o conceito da metodologia do "design total" mantida por seu escritório até hoje surgiu a partir da experiência com a Villares.

Em 1977, o projeto de identidade visual para as Indústrias Villares integrou a apresentação dos projetos do escritório Cauduro/Martino na exposição do Seminário Panorama da Identidade Visual, promovido

---

5   Naomi Klein explica melhor esse conceito de branding amplamente instaurado mais tarde, na passagem dos anos 1980 para os 1990, após o famoso episódio conhecido como a "Sexta-feira de Marlboro":

> Da noite para o dia, "Marcas, não produtos!" tornou-se o grito de guerra de um renascimento do marketing liderado por uma nova estirpe de empresas que se viam como "agentes de significado" em vez de fabricantes de produtos. O que mudava era a ideia de o que – na publicidade e na gestão de marcas – estava sendo vendido. Segundo o velho paradigma, tudo o que o marketing vendia era um produto. De acordo com o novo modelo, contudo, o produto sempre é secundário ao verdadeiro produto, a marca, e a venda de uma marca adquire um componente adicional que só pode ser descrito como espiritual. A publicidade trata de apregoar o produto. O branding, em suas encarnações mais autênticas e avançadas, trata de transcendência corporativa (Klein apud Longo Júnior, 2007, p. 45).

pela ABDI/Masp. Ele foi, sem dúvida, um dos mais importantes e completos projetos de identidade visual desenvolvidos no Brasil na década de 1970. Sobre a relevância desse trabalho, Celso Longo Júnior conclui:

> O programa de identidade visual corporativa Villares foi significativo na medida em que definiu sistematicamente as codificações e decodificações de suas mensagens visuais no trânsito informativo entre a empresa (emissora de significados) e o mercado (receptor deles). [...] Assim, moldou-se – enquanto metodologia para o próprio escritório e enquanto definição de um campo de atuação para o mercado – o conceito de sistemas de identidade. (Longo Júnior, 2007, p. 49)

Figura 4.11

Apresentação da identidade visual Villares no livro do Seminário Panorama da Identidade Visual.

Fonte: ABDI/Masp, 1977, p. 5.

Fase 1 – Concurso 1966 / 1967

Proposta para família de marcas tendo como ponto de partida o "Metadesign"

Figura 4.12

Síntese da evolução da identidade visual Villares de 1967 a 1984.

Fonte: Cauduro Associados.

Fase 2 – de 1967 a 1970

Projeto completo do Programa de Identidade Visual das empresas do grupo

Fase 3 – de 1970 a 1984

CAPÍTULO 5

IDENTIDADE VISUAL RODOVIA NOVADUTRA

As informações para este estudo de caso foram obtidas em entrevista realizada com o arquiteto Norberto Chamma na Und Corporate Design, em 31 de outubro de 2011, e no site www.unddesign.com.br, exceto indicação em contrário.

Histórico da rodovia

A rodovia Presidente Dutra – conhecida coloquialmente por via Dutra – é uma das mais importantes do país e a principal ligação rodoviária entre as cidades de São Paulo e Rio de Janeiro.

A primeira estrada entre as duas capitais foi inaugurada em 1928, pelo então presidente Washington Luís. A inauguração da via Dutra atual aconteceu décadas mais tarde, em 1951, em decorrência da necessidade de uma ligação viária mais segura entre as duas capitais. Nos anos subsequentes, vários trechos foram sendo duplicados. Em 1967, a rodovia estava totalmente duplicada, tornando-se a principal autoestrada do país, ainda sob administração pública.

Na década de 1990, com a redução dos investimentos por parte do governo em manutenção e conservação, a via Dutra deteriorou-se rapidamente. Assim, em meados da mesma década, o governo criou o Programa de Concessões de Rodovias Federais, o qual, em 1996, concedeu a administração da Dutra para a iniciativa privada.

Histórico da marca Rodovia NovaDutra

A marca da Rodovia NovaDutra foi criada em 1997 pelo escritório Und Corporate Design,[1] ano seguinte ao do início da administração da rodovia pela empresa concessionária, o Grupo CCR.[2]

Para marcar a nova gestão e melhorar as condições de segurança e a comunicação visual da rodovia, foi solicitado à Und Design um projeto completo de identidade visual, cuja história o designer e arquiteto Norberto Chamma – conhecido por Lelé – relatou para esta pesquisa.

Segundo Lelé (2011), o projeto foi uma experiência desafiadora mesmo sendo ele, já naquela ocasião, um profissional experiente. Primeiro porque, como usuário, Lelé tinha "verdadeiro pavor" de trafegar naquela estrada, que considerava perigosa, e também pelas questões inerentes ao projeto, como a necessidade de encontrar soluções inovadoras e de desenvolver – em prazos exíguos – tecnologia em comunicação visual para identificar a principal estrada do país, a primeira transferida como concessão à iniciativa privada.

O designer afirma que a prestação de serviços de qualidade voltados à segurança e à proteção ao usuário introduziu novos paradigmas de administração para a rodovia, um bem de utilidade pública. A missão de seu escritório com o projeto era a de explicitar esse diferencial e distinguir visualmente a rodovia mais importante do Brasil. Ressalta-se a relevância do projeto NovaDutra por seu ineditismo: foi o primeiro de identidade visual para uma rodovia no Brasil, fato muito comentado na época.

---

1   Escritório localizado em São Paulo, capital, fundado em 1978, especializado em projetos de identidade visual e sinalização, formado pelos sócios Norberto Chamma, Junosuke Ota e Pedro Pastorelo.

2   Formado pelos grupos Soares Penido, Camargo Corrêa e Andrade Gutierrez. Disponível em http://www.grupoccr.com.br/grupo/estrutura-acionaria. Acesso em 30-8-2016.

O trabalho começou sem ter um briefing detalhado por parte do cliente. Havia algumas premissas a serem cumpridas, e a própria equipe da Und determinou os parâmetros para o signo a ser criado.

Primeiramente, a marca deveria ter associação imediata com transporte rodoviário, além de evidenciar a interação e a bidirecionalidade das influências entre Rio e São Paulo. Também era fundamental evidenciar uma ruptura com o passado identificado como de ineficiência e descaso com o usuário, marcado pela má administração pública da rodovia.

O novo conceito de identidade: NovaDutra

A primeira decisão foi a criação de um nome para a marca, sugerido pelo próprio Lelé: o nome NovaDutra, que deveria ser grafado como uma única palavra e com a letra "D" maiúscula no meio do nome. O termo, em si, já revelava a ruptura com o passado e anunciava a chegada de uma nova fase na história da rodovia.

Os designers da Und definiram também os signos abstratos que fundamentariam a identidade visual da NovaDutra e suas características ideais. A base para a identidade era:

- estabelecer novos parâmetros de administração para um bem público;
- revelar segurança, qualidade de serviços e tecnologia em transporte;
- assegurar e comunicar proteção ao usuário;
- explicitar e diferenciar a rodovia mais importante do Brasil.

Assim, o signo deveria ter as seguintes características:

- expressão do conceito;
- simplicidade formal;
- facilidade de reprodução e memorização;
- alta legibilidade, identificação ou associação imediata com o representado;
- originalidade;
- versatilidade de uso;
- gerar empatia com o usuário.

Fizeram parte do projeto os três sócios do escritório – todos com formação em arquitetura e design –, além de dois estagiários.

A primeira tarefa desafiadora foi a de reconhecimento da estrada, em longas e sucessivas viagens feitas de carro entre São Paulo e Rio de Janeiro, para identificar as principais necessidades imediatas – incluindo locais e oportunidades de instalação da comunicação visual e de pontos de apoio ao usuário – e estudar o posicionamento e as escalas de dimensionamento das peças para garantir a legibilidade das informações.

A equipe da Und também teve contato com os planos e os projetos desenvolvidos pela equipe técnica do cliente para a infraestrutura da rodovia, com base na melhor tecnologia internacional em engenharia de transporte existente na época. Foi feito um amplo levantamento sobre identificação de rodovias no exterior, em decorrência do já mencionado ineditismo desse tipo de projeto no Brasil.

Lelé conta que a primeira etapa do projeto – com estudos para o design do símbolo, logotipo, assinaturas e suas diversas aplicações – foi entregue ao cliente em cerca de noventa dias, sob intensa pressão de prazos por parte desse cliente. Após a etapa inicial, a continuidade do trabalho se estendeu até 1999, com o desenvolvimento de outras aplicações para os mais diferentes usos no dia a dia da rodovia: documentos internos, placas e assinaturas para eventos e programas de assistência ao usuário, dentre outros.

Segundo Chamma, na primeira apresentação do projeto ao cliente foram apresentadas três "tendências" para a identidade visual. Destas, foi escolhida aquela cujo conceito contemplava a região servida pela rodovia.

O arquiteto e designer afirma que, para a inspiração desse conceito, a memória desempenhou papel fundamental: ele se lembrou das aulas de planejamento urbano na FAU-USP e de uma reportagem da antiga revista Realidade, dos anos 1970, na qual havia uma projeção da época sobre o incremento populacional esperado para as cidades do Vale do Paraíba.

Com essa definição, partindo da representação gráfica convencional da densidade populacional, criaram-se possibilidades para o signo Nova-Dutra. Algumas elipses foram descartadas em decorrência da excessiva utilização dessas formas em marcas nos anos 1990 (um modismo, segundo Lelé). "Foram adotados círculos porque também representam rodas e as grandes carretas, com muitos eixos, que circulam na Dutra", completa Chamma.

Figura 5.1

Iconografia que inspirou o símbolo.

Fonte: Und Corporate Design.

A constatação de que a cor predominante nas duas extremidades da estrada era um triste verde acinzentado contribuiu amplamente para a decisão de usar cores fortes e primárias para identificar e diferenciar NovaDutra: "O Rio é vermelho, e São Paulo, azul. Duas metrópoles com características próprias que tinham de ser respeitadas. A difícil decisão quanto ao círculo que deveria ficar à frente – se o azul ou vermelho, São Paulo ou Rio – foi exclusivamente gráfica", afirma Lelé.

O desenvolvimento dos conceitos com essa tendência, baseada em círculos concêntricos, procurou simplificar ao máximo o signo para atender às diferentes situações de uso: em frotas, em uniformes, em pedágios, etc. Assim, o projeto de identidade visual incluiu a criação não só da marca NovaDutra – em suas diferentes versões – mas também a de uma família de assinaturas para as instalações e os serviços da rodovia, como o SOS Usuário e os serviços médicos e de resgate. Compreendeu também a identificação de toda a frota de veículos, uniformes, crachás de identificação, materiais de papelaria institucional e programas de relacionamento com os usuários.

Figura 5.2
As três linhas com "tendências" de estudo da marca apresentadas inicialmente ao cliente.
Fonte: Und Corporate Design.

Os círculos em ciano e laranja foram incorporados aos círculos azul e vermelho, respectivamente, para "compactar" o grafismo. A cor amarela, por ser geralmente utilizada na "comunicação rodoviária", foi designada como complementar e amplamente utilizada na identificação de locais que requeriam grande visibilidade, como a praça dos pedágios.

Segundo Chamma, o objetivo estabelecido – e alcançado – com o projeto era de que o signo NovaDutra fosse reconhecido mesmo que representado apenas por um fragmento. Para isso, criou-se uma linguagem gráfica matricial, que foi aplicada em diversas peças. Essa situação pode ser exemplificada na frota de serviço, em que os eixos que representam a estrada foram omitidos sem perda de reconhecimento, ou nos portais do pedágio.

Figura 5.3

Assinaturas principais da marca NovaDutra.

Fonte: Und Corporate Design.

Foi criado um manual de identidade visual com todas as especificações técnicas e o detalhamento dos elementos da identidade visual – cores, tipografias, assinaturas – e das peças criadas.

Lelé relata que, antes de serem feitos o detalhamento e a implementação das peças de comunicação visual, realizou-se a prototipagem das principais peças para teste nos locais de instalação.

Figura 5.4

Exemplos de uso da linguagem matricial da identidade visual.

Fonte: Und Corporate Design.

Forma de apresentação do projeto

O projeto foi todo apresentado em pranchas impressas. Na época, já havia recursos tecnológicos para fazer o trabalho em *softwares* de desenho, e todas as artes-finais foram produzidas com essas ferramentas. No entanto, os layouts ainda eram entregues ao cliente em formato impresso.

Ao se estabelecerem as diretrizes da marca logo no início do projeto, foi produzido um pequeno guia de uso interno, com as orientações mínimas para a utilização da marca. Cerca de um ano após a primeira implantação da identidade visual, produziu-se um outro manual, definitivo (e ainda exclusivamente para uso interno), entregue ao cliente já em formato digital, para ser publicado na intranet da empresa.

Figura 5.5

As pranchas de apresentação do projeto.

Fonte: Und Corporate Design.

Norberto Chamma encerra a entrevista afirmando que o projeto de identidade visual da rodovia NovaDutra foi bastante complexo em decorrência da enorme variedade de situações e itens a serem identificados em um curto prazo, demandando alto envolvimento de toda a equipe do cliente, da equipe do seu escritório e também dos fornecedores contratados para a execução e a implantação de todas as peças. Para o designer e sua equipe, o grande desafio consistiu em entender a dinâmica diária da rodovia e criar as soluções para atender a todas as necessidades. Muitas vezes, os profissionais da Und tiveram que propor soluções inéditas para eles até então.

Na época de desenvolvimento desse trabalho – fim da década de 1990 –, alguns escritórios de design brasileiros estavam iniciando o uso dos conceitos específicos de branding em seus projetos de construção de marca. Segundo Lelé, o branding ainda estava começando a ser adotado pelas empresas brasileiras como prática de gestão, e o próprio cliente não tinha a visão de que poderia se utilizar desse tipo de estratégia para se comunicar com seus públicos de interesse. O projeto NovaDutra teve um escopo altamente técnico e foi, em sua essência, um projeto tradicional para a criação de um sistema de identidade visual.

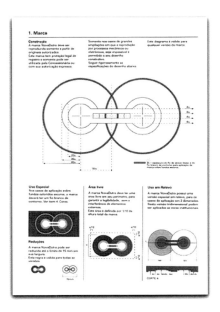

Figura 5.6

Páginas do guia de uso da marca NovaDutra.

Fonte: Und Corporate Design.

CAPÍTULO 6

BRANDING GLOBAL VALE

As informações para este estudo de caso foram obtidas na entrevista realizada em 8 de novembro de 2011 com o arquiteto e designer Carlos Dränger, responsável pelo Projeto de Revisão do Sistema de Identidade Visual Vale no escritório Cauduro Associados em parceria com a consultoria de branding e design norte--americana Lippincott. O site www.vale.com/brasil e a tese de doutorado de Ricardo Santos Moreira também constituíram fontes de consulta para a elaboração deste capítulo. As imagens sobre o projeto Branding Global Vale foram cedidas pelos autores, exceto indicação em contrário.

Histórico da empresa

A Companhia Vale do Rio Doce foi criada pelo governo brasileiro em 1942. A estatal tinha como principais atividades a mineração e o fornecimento de minério de ferro para siderúrgicas brasileiras – em especial, a Companhia Siderúrgica Nacional (CSN).

Em maio de 1997, a empresa foi privatizada, em leilão realizado na Bolsa de Valores do Rio de Janeiro. No primeiro ano após a privatização, atingiu um crescimento de 46% no lucro em relação ao ano anterior. Em 1999, obteve o maior lucro de sua história até então. A Vale – nome pelo qual a empresa já era chamada por seus funcionários –

se expandiu e abriu seu capital, com ações nas principais bolsas de valores do mundo. Alguns anos após a privatização, em 2007, mudou e revitalizou sua identidade de marca – objeto deste estudo – e passou a se chamar somente "Vale".

Com sede no Brasil e escritórios, operações, explorações e joint ventures espalhados pelos cinco continentes, a Vale é, hoje, uma empresa global.

Líder mundial na produção de minério de ferro, pelotas e níquel, produz também cobre, carvão, fertilizantes, manganês, ferroligas, ouro, prata, cobalto e metais do grupo da platina.

Histórico da marca da Companhia Vale do Rio Doce

A primeira representação de marca para a empresa foi criada em 1967 por Aloísio Magalhães, que desenvolveu signos identificadores para a Vale e para a Docenave, subsidiária da empresa voltada ao transporte marítimo.

Em 1974, foi lançado concurso com vistas à criação de uma nova marca para a empresa, para o qual foram convidados a participar o próprio Aloísio Magalhães, o artista gráfico Ziraldo, o designer Goebel Weyne e o designer mineiro João Eustáquio Delpino, cuja proposta foi a vencedora. Esta marca fazia menção às bandeiras do Brasil e do estado de Minas Gerais, local de origem da Vale do Rio Doce.

Figura 6.1
Marcas Vale do Rio Doce e Docenave desenhadas por Aloísio Magalhães em 1967.
Fonte: Leite & Taborda, 2003, p. 191.

O projeto Branding Global Vale

Após a privatização da empresa, a Vale passou por um período de expansão e crescimento em decorrência de uma série de fatores, como o aumento do preço das *commodities* e a mudança do cenário global do mercado de mineração. Tal expansão, consequentemente, ampliou sua visão sobre o mercado global. Com isso, a organização percebeu que sua marca não correspondia mais à representação gráfica ideal da empresa e que precisava ser revisada e revitalizada.

Figura 6.2

Marca da CVRD criada por João Delpino em 1974, utilizada até 2007.

Fonte: Moreira, 2009, p. 224.

Em 2007, foi lançada concorrência para empresas de design brasileiras e estrangeiras[1] objetivando a criação de um plano de branding para a Companhia Vale do Rio Doce. Nesse processo, foi escolhida para desenvolver o projeto de construção – ou reconstrução – da marca da Vale a proposta apresentada pelo escritório paulistano Cauduro Associados, em parceria com a consultoria de branding e design norte-americana Lippincott. O material apresentado pela parceria Cauduro/Lippincott na concorrência descrevia todas as etapas do trabalho e se aprofundava nos detalhes de cada uma delas, demonstrando alta expertise e expondo o passo a passo do projeto.

O briefing solicitava a definição da estratégia e da personalidade da marca Vale, considerando:

- estratégia da empresa;
- foco em internacionalização, desenvolvimento sustentável e crescimento orgânico;

---

1   O edital exigia a participação de uma empresa estrangeira especializada em branding e design com outra brasileira. A Lippincott, que havia desenvolvido projetos em parceria com o escritório Cauduro Associados, compôs a dupla para essa concorrência.

- atividades e negócios da empresa;
- definição dos *stakeholders*-chave.[2]

O projeto Branding Global Vale começou em 2007, dividindo-se nas etapas a seguir.

1. Cenários.
2. Estratégia (definição de nome e posicionamento).
3. Design.
4. Ativação da marca, que se desdobra em:
   - implantação;
   - gestão.

Cenários

Iniciado o trabalho, a primeira tarefa da equipe de consultores do projeto foi investigar detalhadamente os cenários em que a empresa estava inserida, analisando a imagem da indústria de mineração no Brasil e no mundo, além de todo o universo de fatores que influenciavam a identidade das marcas do setor. O inventário examinou também as assinaturas corporativas das empresas ligadas à operação da Vale, assim como a arquitetura e a sinalização de instalações e equipamentos da mineradora.

Nessa investigação, foram realizadas entrevistas com os executivos da empresa e uma auditoria de comunicação que averiguou os principais materiais e campanhas de comunicação produzidos, bem como as marcas para os programas internos da companhia. A análise minuciosa observou desde o foco e as mensagens-chave da comunicação até o estilo gráfico e as linguagens – visual e verbal – empregadas nas peças, considerando a semântica de toda essa comunicação.

O processo de pesquisa e levantamento de informações identificou que a empresa precisava se comunicar de forma clara e consistente com todos os seus públicos e encontrar formas para tornar a indústria

---

2   Pessoas ou empresas interessadas em uma empresa ou marca, entre elas acionistas, empregados, parceiros, fornecedores, clientes e membros da comunidade (Neumeier, 2008).

de mineração mais relevante para eles. A companhia ampliava a sua atuação em escala global e precisava encontrar o equilíbrio entre "ser brasileiro e ser global". Outro desafio era comunicar o comprometimento ambiental da Vale de maneira atrativa e única e, por fim, atualizar e revitalizar a marca e o sistema visual para refletir, verdadeiramente, as mudanças que estavam sendo programadas e realizadas.

Após a análise de todos os cenários, vários pontos críticos foram constatados, o que contribuiu para a definição dos parâmetros e das premissas para a segunda etapa do trabalho: a criação da estratégia, que compreendia posicionamento e atributos da marca da Vale, ou seja, o seu novo jeito de ser.

O QUE SOMOS	O QUE NÃO SOMOS
• Parceria	• Formal e distante
• Visão de futuro	• Visão de passado
• Transformadora	• Extrativista, antiga mineração
• Global	• Nacional
• Diálogo	• Autoritária
• Ingredientes essenciais à vida	• Produtos invisíveis
• Confiável	• Negociante
• Ética	• Autocrática/arrogante
• Disciplinada/focada	• Sem unidade/sem foco
• Interação com a sociedade	• Egocêntrica
• Entusiasmo	• Burocrata e sem garra
• Sonha junto	• Eu e você

Figura 6.3

O "novo jeito de ser" da Vale apresentado no projeto.

Fonte: Cauduro/Lippincott.

Estratégia

Esta etapa estruturou e apresentou as seguintes definições essenciais para o branding da Vale:

- objetivos e oportunidades;
- recomendação do nome;

- arquitetura de marca – modelo matriz;
- posicionamento e atributos da marca Vale.

Objetivos e oportunidades

Nesta análise, foram traçados os objetivos para o projeto e identifica-das as oportunidades para a gestão da nova marca, como mostra o quadro a seguir.

OBJETIVOS	OPORTUNIDADES
Estratégia de marca: criar posicionamento de marca, atributos de imagem e arquitetura de marca.	Da marca: criar uma marca relevante para o público e explicar suas contribuições para a sociedade e seus compromissos com ela, a fim de aumentar a boa vontade do público e obter a "licença social" para operar.
Sistema de arquitetura de marca: integrar e organizar todas as assinaturas e identidades das atuais e futuras empresas subsidiárias.	De imagem: uso mais eficaz da verba de marketing.
Atualizar a identidade corporativa CVRD: alinhar com a futura promessa de marca.	De mensagem: mudança para uma mensagem mais global, sem abandonar as raízes da organização.
Modelo de gerenciamento de marca: criar estruturas e processos para gerenciar e implementar a nova marca em escala mundial.	De arquitetura de informação: clara definição da hierarquia para a apresentação de toda a informação necessária nas comunicações.

Recomendação do nome

A revisão do nome da companhia fez parte da estratégia e contribuiu fortemente para a mudança da identidade da empresa como um todo. Carlos Dränger é enfático ao declarar sua opinião sobre a importância do trabalho de naming no projeto da Vale do Rio Doce: "Não se cogi-ta projeto de linguagem visual (renovação da identidade Vale), nesse caso, sem passar por estratégia e posicionamento, o que inclui a rede-finição do nome" (Dränger, 2011).

Os diversos públicos da Vale a conheciam por diferentes nomes: no Brasil, os principais eram "Vale", "CVRD" ou "Vale do Rio Doce". No Canadá, era "CVRD Inco", e algumas subsidiárias a chamavam de "Rio Doce". Os analistas da bolsa de valores conheciam a empresa também por "Rio".

O estudo de naming determinou que o nome "Vale" reunia mais vantagens, pois:

- seria mais fácil educar o público internacional (mais restrito) em vez de reeducar o público brasileiro (mais amplo);
- o nome possuía conotações positivas em diversos idiomas;
- comemora a herança brasileira da empresa, adotando o nome favorito no Brasil;
- é uma palavra de som aberto, amigável e familiar, fácil de lembrar e de soletrar;
- tem mais personalidade e potencial de posicionamento do que a sigla CVRD.

O arquiteto e designer Ricardo Santos Moreira (2009, p. 236), em sua dissertação de mestrado, publicou a seguinte declaração de Marco Antônio Amaral Rezende – na época, ainda sócio do escritório de Cauduro – sobre a mudança de nome da empresa para Vale: "A dificuldade de modificar uma marca está em entender e englobar tudo o que a empresa carrega. Falar de marca é juntar tudo".

Rezende compara o símbolo que representa a empresa a um iceberg, cuja ponta é sustentada por tudo o que está debaixo d'água. "O primeiro passo para reformular a CVRD era o nome. Tínhamos três opções: a já conhecida internacionalmente CVRD; a apelidada pelos brasileiros e funcionários em geral, Vale, e Rio Doce" (apud Moreira, 2009, p. 236).

A última opção logo foi descartada pela similaridade com o principal concorrente da Vale, a Rio Tinto, e a dificuldade do estrangeiro em entender a ideia da marca. A primeira tinha grande chance de ser escolhida, pois era bastante conhecida no mercado nacional e no exterior. Mas "Vale" levava a vantagem de ser a marca dos brasileiros e dos próprios funcionários. Rezende destaca que a mudança não afetaria diretamente os clientes da empresa, no entanto "o nome

Vale vai além deste universo, e precisava ser trabalhado para falar com todo esse público" (Rezende apud Moreira, 2009).

Arquitetura de marca – modelo matriz

O modelo eleito para a arquitetura da nova marca Vale foi o de "marca matriz", que se sustenta sob um único signo de comando. Diversos fatores justificam essa escolha, uma vez que a marca matriz:

- sintetiza as partes em um todo único: Vale;
- reduz custos e aumenta os benefícios: mais sinergia;
- simplifica a gestão de marcas;
- contribui para projetar uma marca global e comunicar a diversidade.

Como principais vantagens, foi defendido ainda que o modelo (matriz) sugerido permite que todas as unidades se beneficiem dos esforços de comunicação de outras divisões, além de ser mais econômico, na medida em que admite o compartilhamento de materiais promocionais e elimina o custo extra de manutenção de múltiplas identidades.

A transição das marcas das outras empresas do grupo e subsidiárias teve, como critério geral, a seguinte premissa: para evitar custos adicionais e desperdício de tempo, as marcas com nomes diferentes e nenhuma ligação atual com a marca Vale deveriam, de maneira ideal, transitar diretamente para a marca Vale. No entanto, alguns casos excepcionais foram exceções a essa regra geral:

- marcas que, por decisões de negócios, devessem permanecer fora do sistema marca matriz Vale não deveriam fazer parte do processo de transição;
- marcas que, por razões jurídicas, não pudessem adotar a marca matriz Vale deveriam construir sua identidade própria.

Posicionamento e atributos da marca Vale

O posicionamento criado trouxe um novo olhar sobre a mineração, aproximando essa atividade da empresa, vista como abstrata ou distante, do dia a dia das pessoas.

Ingredientes essenciais para nossa vida diária

Figura 6.4

Posicionamento da marca Vale na época do projeto.

Fonte: Cauduro/Lippincott.

Definição   Diferenciação

A Vale é uma mineradora pioneira, que trabalha com paixão, descobrindo e transformando os recursos minerais com responsabilidade. Nosso espírito dinâmico leva à nossa incessante busca pelos ingredientes essenciais que tornam a vida das pessoas mais fácil, mais produtiva e mais agradável. Nós fazemos um esforço contínuo para contribuir com o desenvolvimento de nossas equipes, nossos parceiros e das comunidades das quais fazemos parte, identificando soluções sustentáveis para ajudar o mundo a imaginar e alcançar um futuro melhor.

Entrega

Integração com a comunidade

Como empresa que considera a responsabilidade socioambiental essencial para o futuro da humanidade, temos o compromisso de fazer um esforço contínuo para que as comunidades cresçam e se desenvolvam de forma justa e sustentável.

Busca permanente

Nosso espírito dinâmico, questionador e persistente estimula nossas constantes buscas por respostas e pela melhor forma de fazer as coisas.

Confiança

Somos comprometidos com o desenvolvimento de nossos empregados, com a geração de valor para nossos acionistas, somos um fornecedor sério e focado na melhor relação entre qualidade e entrega para nossos clientes e promovemos um clima de diálogo com as comunidades das quais participamos.

Respeito à diversidade cultural

Nossa enorme diversidade cultural nos permite ter sensibilidade para entender diversas culturas e lidar com situações que requerem uma postura flexível e cooperativa em prol de uma boa convivência.

Disciplina focada

Nossas ações e decisões na área financeira são baseadas em estudos e análises minuciosos que objetivam a geração de valor para nossos acionistas e crescimento para melhor atender nossos clientes.

Figura 6.5

Características dos atributos da marca Vale na época do projeto.

Fonte: Cauduro/Lippincott.

Design

Concluída a criação de toda a estratégia, iniciou-se a etapa do design, o qual apresentou quatro elementos principais que, juntos, dariam forma e significado à nova linguagem visual da Vale:

- a nova marca Vale;
- sistema visual;
- tipos de imagem e tom de voz.

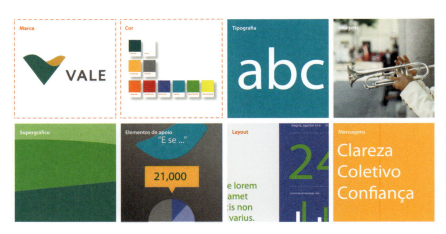

Figura 6.6

Atributos da imagem da Vale na época do projeto.

Fonte: Cauduro/Lippincott.

A nova marca Vale

Figura 6.7
A nova marca Vale.
Fonte: Cauduro/Lippincott.

Sistema visual

Define os elementos essenciais e complementares capazes de comunicar posicionamento e atributos em todas as manifestações visuais da Vale. Além dos tradicionais itens, como versões de assinatura, tipografias e cores institucionais, foi criado um elemento gráfico de apoio à identidade visual denominado "supergráfico". Segundo consta do projeto, esse signo abstrato foi inspirado no visual das colinas e dos vales com o objetivo de "enfatizar o papel dinâmico e transformador que a Vale exerce entre o material bruto e os benefícios para o homem".

O que significa a Marca Vale

A forma da Marca remete à letra "V", de vale (valley), vitória (victory) e valor (value).

Coração da Vale, empresa global de origem brasileira, representa a paixão com que seus empregados trabalham.

Símbolo (infinito) = Busca permanente

Verde representa a natureza e os vales. Amarelo representa a riqueza mineral que transformamos em ingredientes essenciais para nossa vida diária. Também retrata a origem brasileira da Vale.

Figura 6.8
Descrição dos signos que inspiraram o design da marca Vale.
Fonte: Cauduro/Lippincott.

Figuras 6.9 e 6.10

Sistema visual da nova marca.

Fonte: Cauduro/Lippincott.

Tipos de imagens e tom de voz

Esses dois elementos compõem o discurso visual e verbal da marca e, por consequência, contribuem significativamente para a sua expressividade e para a formação de uma imagem da marca na mente do público. Na prática, os critérios estabelecidos no projeto servem para orientar equipes e agências de comunicação na seleção e na produção de imagens e textos que expressem corretamente a ideia principal das mensagens e dos conteúdos divulgados, reforçando, verdadeiramente, o posicionamento da marca.

Materiais e forma de apresentação

Nas etapas do projeto foram utilizados diferentes tipos de suporte, de acordo com o material em questão. Dränger relata os itens entregues nas principais etapas: Brandbook, cinco manuais, *templates* de arquivos, vários projetos executivos e outros projetos avulsos, apresentados principalmente por meio de arquivos eletrônicos e, em alguns momentos, em pranchas gráficas montadas.

A tecnologia e os *softwares* gráficos utilizados contribuíram de forma decisiva para agilizar o processo de produção das apresentações, enriquecendo-as e tornando as soluções de projeto mais próximas do resultado a ser implantado.

Ativação da marca

Definidos os princípios estratégicos, bem como a forma e a linguagem da marca, o próximo passo foi a implantação propriamente dita – ou, como denominado no projeto, a "ativação da marca". A ativação da marca significou colocar em prática a implantação e a gestão.

Implantação

Foram mapeadas as tarefas a serem cumpridas para a implantação da nova marca em nível global. O plano definiu a lista de manifestações visuais que precisavam ser mudadas e considerou, em cada conjunto de manifestações, dois aspectos para determinar a sequência de implantação mais apropriada: a facilidade de mudança e sua visibilidade e impacto.

Ação imediata (desinstalação)

A transição de marcas iniciou estabelecendo-se um conjunto de instruções e treinamentos para a retirada da marca antiga. Foram determinados os critérios para a substituição pela nova marca, e introduziu-se o conceito: "Marca não é registro de propriedade. Marca é expressão de valor".

Projetos dos subsistemas

Após a transição, começaram a ser produzidos e detalhados os subsistemas da nova imagem, ou seja, aqueles que se apresentam aos diversos públicos, nas mais variadas manifestações da marca, de que se destacam:

- papelaria e documentos institucionais, crachás, *kits* para visitantes;

- wallpaper para computadores, templates de apresentações PowerPoint;
- veículos de comunicação interna, jornais, boletins e comunicados internos;
- uniformes operacionais e de eventos;
- frota e equipamentos: veículos de todos os tipos, operacionais e de uso das comunidades;
- sinalização de instalações industriais, parques e reservas, estações de trem;
- ambientação dos escritórios e das áreas operacionais (environmental branding).

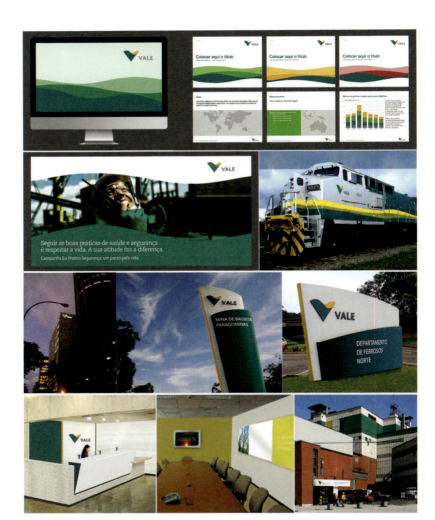

Figura 6.11
Alguns dos projetos de subsistemas da marca.
Fonte: Cauduro/Lippincott.

Gestão

Aqui se conclui a ativação da marca Vale, que, depois de implantada, deve permanecer como modelo contínuo de gestão. O projeto de branding da parceria Cauduro/Lippincott estruturou, em conjunto com a área de comunicação da Vale, um modelo para o gerenciamento, que se sustenta em quatro ferramentas:

- manuais e projetos: manuais, guias e projetos executivos para orientar a produção das diversas aplicações da marca;

- treinamento: o Cauduro Associados e a Lippincott realizaram inúmeras apresentações ao Branding Team da Vale e a fornecedores de comunicação da empresa, envolvendo os principais temas do projeto de branding;

- Help Desk: estrutura disponibilizada de 2008 a 2012, composta por três profissionais de atendimento e uma coordenadora, linha telefônica e e-mail exclusivos com a função de, em dois idiomas, prestar atendimento, esclarecer dúvidas e avaliar todos os materiais de comunicação a serem produzidos, com vistas à aderência total com o branding da Vale, tanto em termos do discurso verbal como do visual. O Help Desk também funcionou como ferramenta de avaliação dos gestores da marca, possibilitando o controle e a medição de desempenho dos analistas de comunicação da Vale. O projeto do Help Desk teve continuidade após esse período.

- Brand Center: versão eletrônica dos manuais da marca e de outros subsistemas, *on-line* (intranet), em linguagem interativa e educativa, disponibilizando também arquivos semiprontos, editáveis, de itens como papelaria, placas de sinalização corriqueiras, etc., para *download* e produção.

Carlos Dränger considera essas ferramentas uma iniciativa pioneira e bem-sucedida nesse tipo de projeto e destaca, como exemplo, o Help Desk da Vale, que avaliou cerca de 1.200 materiais de comunicação por ano.

Figura 6.12

Brand Center da Vale.

Fonte: Cauduro/Lippincott.

O designer conclui a entrevista defendendo a sua visão sobre a prática do branding no escritório em que atua. Segundo ele, o escritório sempre trabalhou seus projetos com visão estratégica, que se aproximava da visão sistêmica – "Esta, sim, nossa marca registrada" (Dränger, 2011). "Podemos dizer, de certa forma, que fazíamos branding, ou, ao menos, parte dele. Aos poucos, o Cauduro Associados foi desenvolvendo seus próprios métodos, mas também incorporando experiências estrangeiras" (Dränger, 2011).

Ainda de acordo com Dränger,

para empresas grandes e antenadas, o branding passou a ser mais valorizado. Hoje podemos dizer que o branding é uma ferramenta poderosa, até para pequenas e médias empresas, a partir de sua aplicação competente, no sentido de reduzir as distâncias entre o "quem somos", do "como somos percebidos", do "como gostaríamos de ser percebidos". Na maioria das empresas, esses três mundos não se tangenciam. Os esforços de comunicação têm que ser altos, e os preços, baixos. À medida que encurtamos concretamente as distâncias entre eles – que começam a se superpor, tendendo a um grande círculo (o melhor dos mundos) –, a empresa pode reduzir seus esforços de comunicação (menos custo) e aumentar suas margens (maior lucro). (Dränger, 2011)

A experiência pioneira do escritório Cauduro Associados em projetos de design de identidade de marca, enriquecida pela parceria com a Lippincott – uma das mais importantes consultorias de branding e design do mundo –, fez do Branding Global Vale um dos mais completos e importantes projetos de redesenho e reposicionamento de marca desenvolvidos no Brasil nos últimos anos. Um verdadeiro marco na história do design de identidades de marca no país.

CAPÍTULO 7

REBRANDING PENALTY

As informações para este estudo de caso foram obtidas em entrevistas realizadas com Ronald Kapaz, na Oz Design, em 30 de novembro de 2011 e 9 de março de 2012, e no site www.ozdesign.com.br, exceto indicação em contrário.

Histórico da marca

A marca Penalty foi criada em 1970, pelo Grupo Cambuci – uma empresa 100% brasileira, de estrutura familiar, fundada em 1945 –, que produzia artigos de vestuário masculinos e femininos na cidade de São Paulo. A história da Penalty e a da malharia Cambuci – a empresa proprietária – se misturaram a partir da criação da marca esportiva, quando iniciou a fabricação de produtos para a prática de futebol e rapidamente se expandiu. Nesse período, já com um parque industrial próprio localizado no interior do estado de São Paulo, a Penalty fechou importantes parcerias com clubes e confederações de futebol, que a firmaram como uma marca de profissional, intimamente ligada ao universo do futebol.

Antes da metade da década de 1980, o Grupo Cambuci havia se transformado no maior fabricante brasileiro de bolas, e já nos anos 1990 a Penalty tinha consolidado sua presença na América do Sul, tornando-se a marca oficial das principais federações e confederações em diversas modalidades esportivas.

Ainda na década de 1990, a explosão do consumo de material esportivo estimulou a Cambuci a investir cada vez mais no crescimento da marca Penalty. Enquanto isso, a abertura do mercado brasileiro às importações provocou a entrada de inúmeras marcas esportivas internacionais, tornando o consumidor mais seletivo e exigente.

Em 1998, foi fundada a Penalty Argentina – a primeira filial da empresa fora do Brasil –, e dez anos mais tarde a Cambuci iniciou um importante projeto para reposicionar a marca Penalty.

Em 2011, após três anos de pesquisas e investimentos, a Penalty apresentou seu novo direcionamento estratégico, amparado na legitimidade de ser a única marca genuinamente brasileira de futebol. Esse trabalho de reposicionamento incluiu a criação de uma nova identidade visual, a reformulação completa do portfólio de produtos, a estruturação para a excelência na prestação de serviços e o fortalecimento da marca no mercado internacional, visando preparar a Penalty para se manter como uma das mais notáveis marcas do esporte nacional.

Atualmente, a Cambuci S. A. está presente em quatorze países, entre os quais Argentina, Chile, Japão e Espanha, com planos de alcançar os demais mercados europeus.

O projeto de reposicionamento da marca Penalty foi desenvolvido pela Oz Design[1] entre os anos de 2008 e 2011. O designer e arquiteto Ronald Kapaz, sócio-diretor do escritório – e responsável pelos projetos de branding da Oz –, forneceu as informações para esta pesquisa.

---

1   Escritório de design localizado em São Paulo, capital, fundado em 1979, e que tem como sócios os arquitetos Ronald Kapaz, André Poppovic e Giovanni Vannuchi.

Figura 7.1

Evolução do desenho da marca Penalty desde a criação até o projeto de rebranding.

Fonte: Oz Design.

O projeto da nova marca

Denominado por Ronald Kapaz de Rebranding Penalty, o projeto tinha como principal objetivo reposicionar a marca Penalty e trabalhar sua internacionalização. Segundo o designer, a problemática exposta pelo cliente no briefing inicial do projeto era: "Precisamos internacionalizar a marca Penalty, aumentar a sua presença no mercado global".

Outras duas questões secundárias – embora relevantes – lançadas no briefing como desafios para a Oz Design consistiam na necessidade de ser coordenada uma ação de crescimento e fortalecimento da marca e de orientação para a criação de uma linha lifestyle, ou seja, de produtos para uso diário e não apenas para praticantes de esportes.

O trabalho da Oz Design teve duas grandes etapas: a revisão de posicionamento (ou etapa do branding) e a revisão da identidade gráfica (ou etapa do design), como Kapaz classifica. A etapa de revisão do posicionamento – que se estendeu pelo primeiro ano do projeto – foi investigativa e estratégica; a segunda etapa – que aconteceu por mais um ano – consistiu no projeto de redesenho da marca e da identidade visual propriamente dita e suas manifestações.

Segundo Kapaz, a equipe envolvida no projeto era formada por oito pessoas, em dois grupos internos da Oz: a equipe de branding (composta por um arquiteto, designers e um jornalista) e a equipe de design (integrada por designers gráficos). Um antropólogo e um sociólogo também atuaram pontualmente no projeto, como consultores externos.

A primeira grande etapa: o branding

Segundo Ronald Kapaz, o branding trouxe um novo olhar, mais estratégico, aos projetos de criação de identidades de marca. E é a própria identidade da empresa que deve orientar o respectivo negócio a partir das suas convicções: "Qual é a causa que está por trás do seu negócio? Quais são os valores e limites que orientam o negócio?" (Kapaz, 2011).

O designer conta que há alguns anos participa de grupos de estudo de filosofia, literatura e antropologia, disciplinas cujo conhecimento ele considera fundamental para profissionais que atuam com branding.

Segundo ele, o branding introduziu imersões com olhares diferentes ao processo de construção de marcas: "Uma visão mais humanística com um viés de negócio. [...] Ele veio para qualificar e alterar o design corporativo, o design destinado à construção de identidades de marca e expressão corporativa" (Kapaz, 2011).

Em uma interessante reflexão, o designer diz que "branding é sintoma e remédio" e que nasceu em um momento em que se percebeu que a dinâmica do mercado de consumo esgotou-se nas mercadorias, que perderam a dimensão simbólica.

> As empresas passaram a competir por preço. A tecnologia se nivelou por cima; a globalização colocou todo mundo em uma crise de identidade, que gerou a necessidade de todas as marcas repensarem as suas. O mundo ficou sem alma, descuidou-se da dimensão simbólica dos objetos e produtos. O desejo se realiza pelo consumo. O branding veio como sintoma para mostrar que o mundo ficou tão focado na mercadoria que perdeu o encanto, a magia e a razão de ser. O afeto se afastou da mercadoria. Ele nasceu para reincorporar a dimensão simbólica do que a gente faz. Nasceu próximo ao design não por acaso: sendo ele altamente simbólico e baseado em metáforas, altamente estético, em uma sociedade altamente imagética. (Kapaz, 2011)

Para o designer, "branding é fazer perguntas diferentes. E não necessariamente responder a todas". Em um processo permanente de autoquestionamento, "é levar as marcas 'ao divã', em um momento psicanalítico de crise de identidade, em que as marcas precisam repensar o que elas fazem, a quem se destinam, para definir os seus diferenciais" (Kapaz, 2011).

A equipe da Oz começou o trabalho de estratégia da Penalty fazendo uma imersão na empresa para revisar o posicionamento da marca. Nessa etapa, várias tarefas foram cumpridas, dentre elas entrevistas com os donos, com as equipes de marketing e de varejo e com os licenciadores da marca; visitação a fábricas, lojistas e revendedores; e análise do mercado de atuação da Penalty. A investigação objetivava definir a essência da marca e seu novo posicionamento, seu brand driver.

No início do processo de pesquisa, o próprio cliente sugeriu à equipe de branding da Oz um atributo no qual a marca Penalty poderia ancorar-se para se diferenciar diante da concorrência: a "ginga" que o futebol brasileiro tem. Diferentemente das duas principais marcas concorrentes – Nike e Adidas –, a Penalty é uma marca brasileira, e essa nacionalidade (um elemento de sua identidade) deveria ser fortemente associada ao esporte pelo qual o Brasil é mundialmente conhecido: o futebol. A equipe da Oz aprofundou esse conceito para chegar ao posicionamento e à essência da marca Penalty.

A etapa estratégica e investigativa prosseguiu com a equipe de branding do projeto efetuando entrevistas com o antropólogo Roberto DaMatta – para entender os conceitos de brasilidade – e com o ensaísta José Miguel Wisnik.[2] Ambos contribuíram para a elaboração de uma análise antropológica e sociológica do conceito de futebol e do futebol brasileiro. "Interpretações sociológicas para entender como esses conceitos se aplicam à essência da marca, com a capacidade de interpretação para gerar uma estética", afirma Kapaz.

---

2   Graduado, mestre e doutor em Letras, Wisnik é autor do livro *Veneno remédio: o futebol e o Brasil* (São Paulo: Companhia das Letras, 2008).

Figuras 7.2 e 7.3
Diagramas conceituais do projeto.

Fonte: Oz Design.

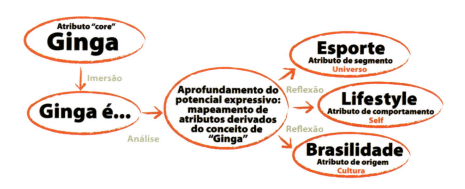

"Subversão alegre"

Após um longo processo de imersão, investigação e reflexão sobre o que deveria ser a essência da identidade Penalty e em que sentido a expressão "ginga" (cunhada pelo próprio cliente em depoimento) se enquadrava na identidade da marca Penalty, a equipe de branding da Oz Design alcançou o seguinte pensamento: "Ginga é a arte de contornar o incontornável". Aprofundando o conceito, foi possível determinar a missão, a visão e os valores da marca Penalty – elementos profundamente associados à sua identidade. E, com isso, definiu-se a expressão "subversão alegre" como o driver da marca, ou seja, o conceito a inspirar todas as ações e a linguagem da Penalty com o novo posicionamento.

Para que os valores mencionados fossem percebidos pelos públicos com os quais a marca se relaciona e pudessem orientar as ações e os conteúdos da Penalty, foram estabelecidas matrizes de identidade que, combinadas, definem a identidade da marca. São elas:

- contraste;
- coexistência;
- graça;
- magia;
- afeto.

Figura 7.4

Página do projeto: introdução ao novo conceito e posicionamento da marca.

Fonte: Oz Design.

Figura 7.5
Página do projeto: apresentação do conceito "subversão alegre".
Fonte: Oz Design.

Todo esse raciocínio foi apresentado e explicado ao cliente por meio de expressões verbais e puramente visuais. Assim como "contraste + coexistência + graça + magia + afeto" compunham o "É Penalty", foi ressaltado que a "subversão alegre" não deveria ser "agressiva, destrutiva ou desonesta" ("Não é Penalty"). O próprio Ronald Kapaz redigiu um manifesto – intitulado "Nossa bandeira" – que refletia o que é e o que não é Penalty.

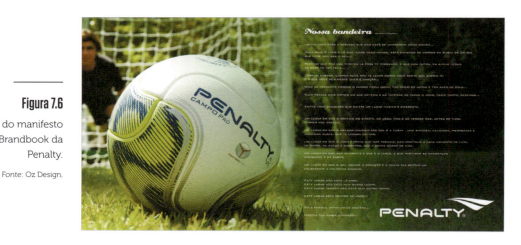

Figura 7.6
Página do manifesto no Brandbook da Penalty.
Fonte: Oz Design.

Nossa bandeira

Um dia você para e percebe que não está se divertindo como queria...
Olha para o lado e vê que, como todo mundo, está cansado de correr em busca de um gol que pode não ser o seu...

Percebe que tem uma torcida lá fora te cobrando, e que uma outra, em algum lugar, que só quer te ver feliz...

Correr, correr, correr pode não te levar aonde você sente que queria ir, e o que você realmente quer é dançar...

Você se pergunta por que o mundo ficou assim, tão cheio de metas e tão raro de gols...

Tudo parece mais rápido do que deveria e dá vontade de parar o jogo, pedir tempo, respirar...

Então você descobre que existe um lugar mágico e diferente.

Um lugar em que o sentido do embate, do jogo, não é só vencer, mas, antes de tudo, correr pro abraço.

Um lugar em que o melhor caminho pro gol é a curva, uma sinuosa, maliciosa, inesperada e deliciosa curva, que te lembra outras.

Um lugar em que o jogo é festa que não termina, mas continua a cada momento de luta, de garra, de graça e encontro, que a gente chama de vida.

Um lugar que quer ser diferente é que é o lance, e que misturar as diferenças enriquece e dá sabor.

Um lugar em que o sol aquece o coração e a chuva faz brotar um exuberante e colorido amanhã.

Este lugar não está lá fora.

Este lugar não está num outro lugar.

Este lugar também não está num outro tempo.

Este lugar está dentro de você!!!

Bola parada, momento de decisão...

Mostra tua ginga, campeão!!!!

A criação de uma linha de produtos da Penalty para uso diário – a *lifestyle* – também foi cuidadosamente pensada pela Oz Design no contexto do novo posicionamento da marca. A diferença inerente aos próprios produtos – esportivos e *lifestyle* – exige a determinação de posicionamentos específicos para cada linha.

Os produtos ligados à prática desportiva devem ser associados à performance, e os produtos *lifestyle*, a um estilo de vida. Assim, foi criado um parâmetro que a Oz denominou "drive inspiracional", em que novamente foram feitas associações concretas cujo significado explicasse e exemplificasse os conceitos requeridos para cada posicionamento.

LINHA DESPORTIVA OU DE PERFORMANCE	LINHA *LIFESTYLE* OU CASUAL
High Tech	Low Tech
Tecnologia e performance	Natureza
São Paulo	Rio de Janeiro

Figura 7.7
Página do Brandbook demonstrando o contraste entre as linhas desportiva e lifestyle.

Fonte: Oz Design.

O contraste de posicionamento entre as duas linhas de produtos foi representado no Brandbook por uma "régua de intensidades", que ajudou, inclusive, a determinar um DNA estético para cada uma delas, orientando as ações para o design dos produtos, dos ambientes e de toda a sua comunicação.

A segunda grande etapa: design

De forma geral, a metodologia da Oz Design para a etapa do design foi a mesma que o escritório já utilizava na época em que a empresa não desenvolvia a etapa de branding. No entanto, alguns itens foram refinados e evoluíram em relação ao processo anterior.

Em sentido crescente, partiu-se do desenvolvimento da marca (símbolo e/ou logotipo) ao projeto dos demais elementos institucionais, como determinação de cores, tipografias,[3] até a construção de uma estética mais completa, abrangendo os pontos de contato da marca com seus públicos mais importantes.

Para o redesenho do logotipo e do símbolo, alguns conceitos foram definidos entre o cliente e a Oz Design para que a forma a ser desenhada expressasse o posicionamento e os "drivers inspiracionais" da marca Penalty:

- a nova marca deveria ser uma evolução da anterior;

- no símbolo, haveria uma migração do signo de uma "asa" para o de uma "bandeira", para expressar o ícone de uma nação (Brasil);

- o desenho deveria ter curvas mais sinuosas, para expressar "ginga", malícia e sensualidade, e possuir formas que insinuassem uma tridimensionalidade, para se contrapor à agressividade das linhas retas das concorrentes Nike e Adidas;

- a marca deveria ser sensorial, para traduzir a brasilidade como afeto.

Figura 7.8

A marca anterior e a nova marca criada pela Oz Design.

Fonte: Oz Design.

---

3   Nesse caso, foi criada uma família tipográfica proprietária exclusiva para a Penalty, a tipografia Ginga.

Figura 7.9

Elementos da nova identidade visual: o símbolo e o pattern, como elemento complementar de expressão.

Fonte: Oz Design.

Figura 7.10

Tipografias que compõem a identidade visual.

Fonte: Oz Design.

144

Após o design: orientação de estilo

A Oz Design chegou a fazer workshops para a orientação de estilo com a equipe interna de design da Penalty e com o intuito de definir diretrizes e inspirações para o design dos produtos. Fez também uma supervisão de estilo e direção de arte de fotos e ilustrações a serem utilizadas em todos os materiais de comunicação da Penalty.

Ao se narrar detalhada e visualmente uma estética para a marca, é estabelecida a linguagem visual que comunicará corretamente seus atributos. Os exemplos do Brandbook contribuem para que todas as manifestações visuais da marca se mantenham coerentes com todos os seus pontos de contato ao longo do tempo.

Figura 7.11

O Brandbook da Penalty determina a linguagem visual e verbal da marca.

Fonte: Oz Design.

Forma de apresentação do projeto

O projeto de rebranding da Penalty foi apresentado ao cliente em meio digital, em slides de PowerPoint, peças em modelagem 3D e materiais digitalizados. Desde a primeira reunião de apresentação com o cliente, a Oz Design inovou ao criar um formato menos formal do que as tradicionais pranchas de apresentação de outrora e exibiu o trabalho com uma linguagem sedutora e poética. "Uma nova forma de vender a ideia para o cliente, envolvendo-o no conceito do trabalho" (Kapaz, 2011).

Figura 7.12

Tela inicial da apresentação do projeto.

Fonte: Oz Design.

Figura 7.13

Uma das telas de apresentação do projeto, no qual o organograma da Penalty foi metaforicamente representado por um time de futebol cujo objetivo (o gol) era a internacionalização da marca.

Fonte: Oz Design.

146

Ainda segundo o designer, outro elemento novo foi introduzido para refinar a apresentação dos projetos de branding da Oz Design e, em especial, este projeto da Penalty: a redação de alguns textos e o próprio manifesto da identidade, que contribuíram para a consolidação do projeto na formatação da entrega. "O projeto final é entregue por meio da expressão verbal" (Kapaz, 2011). E complementa: "O designer precisa estar capacitado a escrever para apresentar o storytelling da marca no projeto de branding. O trabalho de branding termina com um texto que deve vir de dentro do projeto. Após o branding, começa o design" (Kapaz, 2011).

Ronald Kapaz conclui a entrevista considerando que as empresas não devem ser orientadas somente por um "instinto de multiplicação e crescimento"; devem também incorporar os valores humanísticos. Afirmou que as marcas que se tornaram grandiosas conseguiram correr o risco de terem identidades bem desenhadas, são mais atraentes e geram mais negócios. E o branding possui um papel fundamental nesse contexto: "É uma cultura, mudança cultural de foco no produto pra foco na pessoa [consumidor]".

O projeto de rebranding da Penalty conferiu à Oz Design duas premiações no iF Communication Design Awards 2012: nas categorias "Crossmedia" e "Typography", pelos projetos de rebranding e design da família tipográfica exclusiva "Ginga".

O projeto foi selecionado para integrar este livro por apresentar, de forma didática, as características que diferenciam um projeto de construção de identidade de marca segundo o pensamento e a filosofia atuais do branding, colocados em prática por uma empresa de design.

CAPÍTULO 8

ANÁLISE COMPARATIVA

Com base nos dados apurados nos estudos de caso apresentados, foi fundamentada a análise comparativa dos quatro projetos de construção de identidades visuais para empresas brasileiras. Dois dos projetos não incluíram o trabalho de branding, enquanto outros dois já o incluíram – considerando-se que tal trabalho se define pelo estabelecimento das diretrizes estratégicas para a construção das marcas em questão, objetivando a criação de valor e o fortalecimento delas.

Pertencem ao primeiro grupo projetos de identidade visual desenvolvidos por dois escritórios de design paulistanos, a saber: Indústrias Villares, por Cauduro/Martino (1967), e Rodovia NovaDutra, por Und Corporate Design (1997).

No segundo grupo – projetos que incluíram o trabalho de branding – foram analisados dois redesenhos de identidades de marcas brasileiras com atuação multinacional: a Vale, por Cauduro/Lippincott (2007), e a Penalty, por Oz Design (2008) – ambos os escritórios também situados em São Paulo.

Esta análise tem como objetivo comparar os escopos, as metodologias e a atuação de cada projeto, além de examinar as diferenças entre os produtos finais entregues ao cliente. Com isso, pretende-se apurar se a incorporação do branding ao projeto representa uma completa mudança de paradigma na metodologia de construção de marcas ou uma evolução em relação ao método anterior.

A comparação se organiza em dois módulos:

- metodologia e escopo do projeto;
- estrutura e forma de atuação.

A análise de cada item está classificada em um dos três graus, a seguir, em relação ao paradigma anterior:

[Não mudou]   [Mudou ou evoluiu]   [É algo novo]

Ao final deste capítulo, a análise comparativa é apresentada como matriz, para facilitar a visualização simultânea de todas as questões e conclusões.

No entanto, antes da comparação entre os quatro projetos, cabe aqui examinar, em duplas, os projetos estudados – os que não incluíram o trabalho de branding e os que incluíram – para identificar, nos dois contextos, em quais particularidades se diferenciavam ou se assemelhavam.

Villares e NovaDutra: análise diacrônica

Figura 8.1

Marcas gráficas analisadas nos estudos de caso de Villares e NovaDutra.

Fonte: Cauduro Associados e Und Corporate Design.

Apesar de desenvolvidos em épocas distantes, os projetos de identidade visual da Villares e da NovaDutra possuem, do ponto de vista metodológico, características comuns. Mas há também características divergentes.

No projeto NovaDutra, o signo de comando da identidade visual foi inspirado na representação visual de elementos que remetem ao universo rodoviário. Foi composto a partir da geometrização e da simplificação das formas – características inerentes ao Estilo Internacional, que se tornou tradicional e amplamente usado dos anos 1960 até hoje – e comunicava de forma simbólica, porém evidente, a interligação entre os dois grandes centros urbanos (Rio de Janeiro e São Paulo). Assim, o significado da marca NovaDutra foi construído por meio do desenho, da forma, do objeto ou do trajeto que é o próprio negócio da empresa.

Já o signo de comando da Villares, concebido por Ludovico Martino, destacava a letra "V" em todas as variantes criadas para compor o sistema de símbolos. Ele também primava pela geometrização e pela modulação da forma características da linguagem gráfica da arte concreta e do Estilo Internacional. No entanto, o sinal gráfico remetia ao nome da empresa e não ao seu ramo de atuação. Cabe salientar que a opção pela representação visual de uma letra de destaque do nome da marca como símbolo é mais adotada nos sistemas de identidade visual de grandes conglomerados empresariais, nos quais o ramo de atuação pode se diversificar ao longo do tempo. Trata-se de uma arquitetura de marca matriz, regida por um signo de comando único.

Outro aspecto que diferencia a metodologia adotada nos projetos Villares e NovaDutra consiste nas ferramentas utilizadas na elaboração desses trabalhos. Passaram-se três décadas entre a realização de um projeto e a de outro. A tecnologia dos *softwares* gráficos, inacessível em 1967, já era comumente utilizada pelos designers em 1997, quando o NovaDutra foi realizado. As novas ferramentas digitais agilizaram o trabalho e ampliaram a variedade de aplicações da identidade visual, além de conferirem maior precisão aos desenhos criados. A tecnologia reduziu o tempo de execução dos trabalhos e, também, a demanda de profissionais envolvidos em todo o processo. O primeiro projeto foi todo criado e desenhado manualmente; o segundo, com o mesmo trabalho, foi executado por meio de *softwares* gráficos.

Em nenhum dos dois projetos houve uma abordagem de estratégia de branding. Foram exclusivamente projetos de sistemas de identidade visual.

Vale e Penalty: análise sincrônica

Figura 8.2
Marcas gráficas analisadas nos estudos de caso de Vale e Penalty.
Fonte: Cauduro/Lippincott e Oz Design.

Embora estes dois projetos tenham sido desenvolvidos na mesma época e incluíssem o pensamento e a metodologia do branding no processo de construção e criação de valor das duas marcas, distinguem-se em vários aspectos.

A distinção justifica-se, inicialmente, pela própria natureza de cada negócio, uma vez que os ramos de atuação das empresas são completamente diferentes. Apesar de ambas as marcas possuírem abrangência multinacional, suas identidades[1] se diferenciam desde a sua essência, já que a Vale representa um conglomerado corporativo de uma indústria mineradora, e a Penalty, uma marca de produtos para a prática desportiva.

Os dois projetos tinham, como essência comum, a revitalização da identidade das marcas, com a criação de novo posicionamento para elas. Nesse contexto, o branding assumiu papel determinante para o desenvolvimento das demais etapas do trabalho.

Do ponto de vista metodológico, as etapas de trabalho se sucederam de modo semelhante, tanto na fase de branding e definição de estratégias como na fase do design propriamente dito. Faz-se exceção o trabalho de naming – que não foi necessário no caso da marca Penalty.

Em ambos os casos, as equipes de trabalho eram formadas por times multidisciplinares, nas duas etapas. Na de branding, juntavam-se às equipes dos escritórios de design profissionais de semiótica e estratégia (caso Vale) e um antropólogo e um sociólogo (caso Penalty). Na etapa de design dos dois projetos, as equipes eram formadas por designers gráficos e arquitetos.

No que diz respeito ao escopo dos projetos, nos dois casos houve a construção de uma estética completa abrangendo os pontos de contato da marca com seus públicos mais importantes.

Para a Penalty foram desenhados desde a marca e a papelaria até as embalagens de produtos e o design dos ambientes de *showroom*.

---

1   Neste contexto, considera-se a definição de Ligia Fascioni (2010, p. 22): "a identidade corporativa é o DNA da empresa: o conjunto de atributos que a faz única e diferente de todas as outras".

Para a Vale, além da marca e da definição da sua arquitetura, fizeram parte do projeto a concepção visual de todos os elementos a serem identificados com a marca: de papelaria da empresa, uniformes e frotas à sinalização de todos os ambientes corporativos e operacionais. Diante de um escopo tão extenso – e, certamente, complexo –, merece destaque a metodologia utilizada por Cauduro/Lippincott para o processo de transição e implementação da nova identidade visual após o projeto de design.

Nesse processo, foi programado o plano de transição da imagem antiga para a nova, e se desenvolveram os "projetos dos subsistemas", ou seja, as extensões da programação visual.

Os materiais entregues ao cliente se diferenciaram pela linguagem, uma vez que os diferentes ramos de atuação exigem e comportam diferentes estilos de apresentação. No segmento corporativo, o projeto da Vale apresentou-se de maneira mais formal. Já o da Penalty foi apresentado de forma mais poética e lúdica, na intenção de expressar a própria essência da marca, seu DNA. Nos dois projetos foram entregues ao cliente os manuais de identidade da marca e os respectivos Brandbooks.

Ferramentas de gestão – como *workshops* e sessões de consultoria – foram administradas com as equipes de comunicação e marketing da Vale. A Oz Design promoveu sessões de *coaching* de estilo com a equipe de design interna com o propósito de definição e inspiração de guidelines para o design dos produtos da Penalty, bem como supervisão de estilo, direção de arte e redação e disseminação dos conceitos e atributos determinados no projeto.

É possível concluir, portanto, que o branding pode ser associado a um projeto de identidade visual de forma ampla e flexível o bastante para se adaptar às etapas ou ferramentas do trabalho de acordo com o perfil do cliente.

Villares, NovaDutra, Vale, Penalty: análise diacrônica

A seguir, serão apresentados as etapas e os itens de trabalho de cada um dos dois módulos considerados para a análise comparativa diacrônica dos projetos sem branding e com branding.

Metodologia e escopo do projeto:

- conceitos e fundamentos para embasar o projeto;
- estudo do mercado de atuação;
- definição de estratégia e posicionamento;
- definição de nome;
- design da marca;
- definição do sistema visual (cores, tipografia e demais elementos);
- universo verbal/mensagens-chave/tom de voz;
- definição de estilo visual e linguagem para fotos e ilustrações;
- extensões do projeto e aplicações da identidade visual;
- ferramentas de gestão da marca.

Estrutura e forma de atuação:

- forma de apresentação;
- tempo de execução do projeto;
- equipes envolvidas no projeto;
- honorários praticados.

Metodologia e escopo do projeto

Conceitos e fundamentos para embasar o projeto
[Evoluiu]
O branding agregou novos conceitos ao início do projeto para reforçar as dimensões simbólica, emocional e de negócio das marcas.

Os projetos de construção de marca que não concebem a criação da sua estratégia, do seu posicionamento e dos atributos simbólicos se fundamentam pela representação da marca, em geral criando-se associações visuais a um produto fabricado pela empresa, ao ramo de negócio ao qual ela pertence ou ao seu nome (ou algum elemento – em geral uma letra – que remeta a ele). Na maioria dos casos, o conceito para a definição da identidade visual aliava a escolha de um signo e de atributos simbólicos (como solidez, austeridade, confiabilidade, etc.) para uma identidade da empresa já preestabelecida. Ou seja, enalteciam-se os aspectos da identidade da empresa considerados mais interessantes ou pertinentes por meio de um sistema de identidade visual. A rigorosa metodologia e o gerenciamento das aplicações organizavam e consolidavam um sistema visual para representar uma identidade de empresa, mas não exatamente uma identidade de marca, como se entende atualmente, com a introdução do branding nos projetos.

O trabalho de estratégia é conduzido por equipes multidisciplinares, que contribuem para ampliar e diversificar os conceitos que fundamentam o posicionamento e os atributos simbólicos da marca. Segundo Carlos Dränger, com esses novos conceitos agregados ao processo, pode-se obter uma "fotografia mais completa" da problemática principal da identidade da empresa.

O que se verifica é a mudança na dimensão do conceito inicial a ser aplicada na definição/construção da marca e da identidade de uma empresa, que inclui a ampliação dos atributos para além de sua representação visual e anterior à concepção dessa representação. A mudança na concepção desse conceito inicial será abordada mais especificamente no próximo capítulo.

Estudo do mercado de atuação
[Evoluiu]

O trabalho de branding exige que os profissionais responsáveis pelo projeto façam uma imersão no universo da empresa. Muitas informações podem ser obtidas por meio de novas ferramentas de pesquisa de mercado e de *benchmarking*,[2] que proporcionam ao designer uma visão melhor de todos os *players* do mercado. A tecnologia e as ferramentas de busca da internet eliminam as fronteiras geográficas e ampliam a visão do profissional sobre o mercado de atuação da empresa e seus concorrentes em nível global.

---

2   Método sistemático de buscar os melhores processos e as ideias inovadoras mais eficazes para a obtenção de um desempenho superior (Bogan & English, 1996).

Definição de estratégia e posicionamento
[É algo novo]

A estratégia de marca deve refletir os atributos da marca da empresa. Deve ser o resultado de um intenso diálogo entre a alta liderança e as áreas de marketing, vendas, operações, distribuição e os profissionais envolvidos no projeto de branding. Ela emerge dos valores e da cultura da empresa, define o posicionamento e fixa os diferenciais que a marca deve refletir em sua identidade e imagem.

A criação de outro posicionamento pode mudar a cultura da empresa, interferir em seus processos internos e até em sua operação. Ela precisa ter ressonância com todos os stakeholders da marca. Com a estruturação de conceitos estratégicos, o trabalho adquire uma dimensão de "construção" da marca – e não apenas de uma criação subjetiva. Esse fato confere ao projeto – e aos profissionais de design envolvidos – uma visão de gestão e de negócio anteriormente atribuída apenas aos profissionais de marketing e administração.

Definição de nome
[Evoluiu]

O trabalho de criação de nomes para marcas – também conhecido por naming – era feito por alguns escritórios de design desde a década de 1970. Há registros de que Décio Pignatari, Aloísio Magalhães e Alexandre Wollner já criavam nomes de marcas em seus escritórios naquela época.

O branding consolidou a visão de que a marca é um dos principais ativos de uma empresa. A grande quantidade de marcas registradas nos institutos de propriedade industrial e intelectual exige que as corporações registrem e protejam seus patrimônios antes mesmo da criação do desenho, garantindo-lhes a longevidade necessária.

Atualmente já existem softwares[3] especializados para criar palavras e nomes para marcas. Todas as principais consultorias e os escritórios de design que atuam com branding oferecem o naming como serviço agregado ao trabalho de construção de marcas.

---

3   Name Builder® é um exemplo de software com a finalidade de ajudar a criar nomes para marcas (Martins, 2006).

Design da marca

[Evoluiu]

Pode-se considerar que a metodologia para a criação do desenho de uma marca é a mesma que se praticava desde a década de 1960. Porém, analisando-se o processo de construção das marcas como um todo, é correto afirmar que houve uma evolução.

As ferramentas de tecnologia – *softwares* gráficos – proporcionam maior precisão e melhor acabamento aos desenhos e tipografias das marcas. Elas também agilizam o processo de finalização e permitem maior controle na reprodução das formas e cores.

No que diz respeito ao branding, considera-se que a determinação da estratégia pode orientar e inspirar a criação de um signo mais coerente com o posicionamento da marca, colaborando também para a construção de uma estética completa que atinja os pontos de contato da marca e seus públicos mais importantes.

Definição do sistema visual (cores, tipografias e demais elementos)

[Não mudou]

Nesta análise, pode-se afirmar que esta é a mudança menos sensível entre todos os itens comparados no processo de construção de marcas. Uma vez determinado o desenho da marca, o processo de definição de cores, da tipografia e dos demais elementos foi alterado apenas pela utilização de novas ferramentas – os *softwares* gráficos, conforme mencionado no item anterior.

Universo verbal / mensagens-chave / tom de voz

[É algo novo]

O projeto de branding define e orienta a linguagem a ser utilizada na comunicação verbal da marca. Anteriormente, a expressão verbal de uma marca se manifestava pela publicidade, em campanhas ou em peças isoladas, sem necessariamente obedecer a um padrão de linguagem. Com o branding, entende-se que a marca possui uma identidade própria, que deve ser construída e administrada para expressar – por meio de linguagens visuais e verbais coerentes e sinérgicas – seu posicionamento e seus atributos, de forma verdadeira e contínua. A designer e consultora de branding Alina Wheeler (2008, p. 54) defende que "a voz e o tom devem funcionar em harmonia, com clareza e personalidade, para envolver os consumidores, estejam eles ouvindo, *scanning* ou lendo".

Definição de estilo visual e linguagem para fotos e ilustrações
[Evoluiu]
A linguagem visual de fotos e ilustrações adotada nas diversas manifestações de uma marca expressa muito sobre sua identidade, seus valores e seus atributos. São os signos visuais que reforçam o seu "jeito de ser".

A definição do universo verbal e do estilo visual de uma marca apresentada no Brandbook funciona como matriz inspiracional para orientar os seus gestores, profissionais de marketing e prestadores de serviços de comunicação, publicidade e design na criação de materiais distintos, como campanhas publicitárias, design de ambientes e produtos, entre outros. Essas diretrizes, anteriormente tratadas apenas como estilo visual, ganharam um novo enfoque e fazem parte do processo de construção da linguagem da marca.

Extensões do projeto e aplicações da identidade visual
[Evoluiu]
A expansão para as novas mídias digitais como a internet e as redes sociais, praticamente inexistentes até o início dos anos 2000, trouxe novas formas de trabalhar a identidade visual e as aplicações gráficas. A tecnologia expandiu a quantidade de itens apresentados no projeto e na sua linguagem.

Ferramentas de gestão da marca
[É algo novo]
O projeto de branding exige e proporciona maior integração entre o designer e o cliente – principalmente os gestores da marca –, para que ambos se envolvam no ambiente e na identidade da empresa e, consequentemente, da marca. As etapas de investigação e estratégia permitem uma profunda imersão do designer nesse universo. Para que ocorra a correta assimilação do conceito e das formas de uso da marca definidos em seu projeto, o designer assume o papel de propagador desses conceitos para todos os indivíduos envolvidos com o uso da marca.

Há quem possa afirmar que os manuais de identidade visual e os guias de uso da marca – existentes desde os primeiros projetos de identidade visual desenvolvidos na década de 1960 – tenham sido as primeiras ferramentas de gestão de marca, uma vez que esclareciam e normatizavam sua aplicação nas diversas situações de uso.

No entanto, diante dos projetos de branding aqui analisados, os manuais de marca tornam-se meros coadjuvantes na missão de gestores. Nos dois projetos estudados, a ferramenta de gestão se traduziu em ações efetivas de interação entre o designer e os profissionais da empresa que atuam como propagadores da marca.

No caso da Penalty, por exemplo, além dos manuais da marca e do Brandbook, foram ministrados *workshops* com os gestores e com as equipes de design que criam os produtos Penalty, para que eles pudessem assimilar o novo "jeito de ser" da marca – a ginga Penalty – e transpusessem-na em suas criações daquele momento em diante.

Já no projeto da Vale foi criada uma estrutura com diversas ferramentas de gestão da marca: manuais normativos, *workshops* com gerentes e gestores e duas ferramentas inovadoras: o Help Desk e o Brand Center. O segundo era uma versão mais completa do primeiro. Um instrumento de avaliação das peças de comunicação geradas por cerca de 120 analistas da Vale (aproximadamente 90 profissionais no Brasil e 30 estrangeiros), in *home* ou por meio de agências locais. O resultado dessas avaliações passou a integrar a análise de desempenho anual do funcionário feita pelo departamento de recursos humanos da companhia.

Estrutura e forma de atuação

Forma de apresentação
[Evoluiu]
As ferramentas e os *softwares* gráficos agilizaram o processo de produção das apresentações e aperfeiçoaram a representação visual dos layouts. As pranchas rígidas anteriormente utilizadas para apresentar o projeto cederam lugar a apresentações menos formais e mais lúdicas, com o objetivo de envolver o cliente desde o início no conceito do trabalho. As ferramentas digitais de modelagem 3D e de animação conferem maior realismo à representação dos materiais criados.

Surgiram os Brandbooks, concebidos e formatados para inspirar e educar os profissionais que agem e falam em nome da marca, construindo uma consciência sobre ela. Neles, o projeto final é entregue por meio de imagens e pela expressão verbal, com textos e storytellings que contribuem para "vender" o conceito do projeto.

Tempo de execução do projeto
[Evoluiu]

Todos os quatro projetos estudados foram desenvolvidos em longo prazo, vinculados a escopos determinados. Portanto, cabe aqui mencionar o que proporcionou a evolução em relação ao tempo de projeto: os *hardwares* e *softwares* disponíveis agilizam todo o processo que anteriormente era feito manualmente.

Equipes envolvidas no projeto
[Evoluiu]

Equipes multidisciplinares – compostas por sociólogos, psicólogos, filósofos e semiólogos, dentre outros especialistas – passaram a integrar a etapa de branding dos projetos, contribuindo para a definição da essência e dos atributos da marca. Profissionais de linguística e semiologia também colaboram na etapa de naming quando ela faz parte do escopo.

Nos casos estudados, o trabalho de design foi conduzido por designers e arquitetos. A multidisciplinaridade do branding introduziu imersões com olhares diferentes ao processo de construção de marcas.

Honorários praticados
[Mudou / Evoluiu]

O valor dos honorários exatos de cada projeto não foi indagado na pesquisa. No entanto, todos os profissionais confirmaram o fato de que o branding agregou valor financeiro ao projeto, possibilitando a prática de valores exponencialmente mais elevados do que os habitualmente praticados nos projetos sem branding.

O aumento se justifica pela maior complexidade das tarefas envolvidas e pelo aumento do escopo oferecido no projeto e do número de profissionais envolvidos. A criação do conceito de posicionamento e da estratégia agregou valor ao serviço oferecido.

RESUMO DA ANÁLISE DOS
QUATRO ESTUDOS DE CASO

METODOLOGIA E ESCOPO

	Villares (1967)	NovaDutra (1997)
Conceitos e fundamentos para embasar o projeto	As manifestações visuais da Villares anteriores ao projeto do Cauduro/Martino possuíam o elemento "V" destacado nas assinaturas da empresa. Esse fato pode ter sido o ponto de partida para o desenvolvimento do signo visual, que manteve o "V" em evidência no sistema de símbolos criado.	Pesquisas feitas empiricamente na rodovia para identificar as principais necessidades imediatas e estudar o posicionamento e escalas das peças e instalações. No visual, o signo remete aos elementos ligados ao universo rodoviário.
Estudo do mercado de atuação	Ludovico Martino já conhecia a Villares pois fazia os projetos de estandes para a empresa se apresentar na Feira da Mecânica, realizada anualmente.	Estudo de projetos desenvolvidos com tecnologia internacional em engenharia de transporte e sobre identificação de rodovias no exterior.
Definição de estratégia e posicionamento	Não havia.	Não havia.
Definição de nome	Foi reduzido o nome da marca na assinatura: de Indústrias Villares para Villares.	O nome NovaDutra foi sugerido pela Und ao cliente como parte integrante do trabalho.
Design da marca	Metadesign para construir um sistema integrado de signos.	Simplificação do signo para que fosse facilmente identificado, visualizado e atendesse às diferentes situações de uso.
Sistema visual (cores, tipografia e demais elementos)	Não mudou.	Não mudou.
Universo verbal / mensagens-chave/ tom de voz	Não havia.	Não havia.
Definição de estilo visual e da linguagem para fotos e ilustrações	Não havia.	Não havia.
Extensões do projeto e aplicações da identidade visual	Após definidos os principais parâmetros e elementos da identidade visual, foi implementado um departamento interno na Villares para a criação das extensões.	Os principais elementos e extensões da identidade visual foram criados pela Und Corporate Design.
Ferramentas de gestão da marca	Relacionamento pessoal dos designers com a direção da empresa. Havia um acompanhamento por parte do escritório, que não pode ser caracterizado como uma ferramenta de gestão da marca.	Não havia nenhum mecanismo ou ferramenta previstos. Após a entrega do projeto, a gestão da marca era feita diretamente pelo cliente, que solicitava ajuda do escritório conforme sua necessidade pontual.

...le (2007)	Penalty (2008)	Conclusão
		■ [Não mudou] ■ [Mudou ou evoluiu] ■ [É algo novo]
...etapa de estratégia determina novos ...nceitos para obter uma fotografia mais ...mpleta do problema. ...o visual, os signos utilizados (letra "V", ...ração, o infinito e as cores verde e ...narelo) endossam os atributos da marca.	"O branding reforçou a dimensão simbólica do trabalho de design e introduziu 'diferentes olhares' ao processo de construção de marca" (Kapaz, 2012). A nova marca deveria ser uma evolução da anterior. O signo evolui de uma asa para uma bandeira.	**[Evoluiu]** O branding trouxe novos conceitos para reforçar as dimensões simbólica, emocional e de negócio das marcas.
...ovas ferramentas, como pesquisas ...pecializadas, são utilizadas. ...análise de mercado qualifica os atributos ... marca e o posicionamento define os ...ferenciais que a marca deve refletir.	Por meio do benchmarking, analisam-se os discursos (verbal e visual) de todos os players do mercado.	**[Evoluiu]** Com as novas ferramentas de pesquisa e o benchmarking obtém-se uma visão melhor de todos os players do mercado.
...ouve definição de estratégia, ...sicionamento e atributos da Vale. ...criação de um novo posicionamento ...de mudar a cultura da empresa, bem ...mo interferir nos processos internos e ...é em sua operação.	Houve definição de estratégia, posicionamento, brand driver, atributos, missão, visão e valores da marca. O trabalho ganha uma visão mais estratégica com a definição da essência, bem como da missão, visão e valores da marca.	**[É algo novo]** A etapa de estratégia determina os atributos para a marca e define seus diferenciais. O trabalho adquire uma visão de gestão e de negócio anteriormente atribuída aos profissionais de marketing e de administração.
... feito o trabalho de naming para definir ...novo nome da marca: Vale.	Não foi necessário alterar o nome da marca.	**[Evoluiu]** Há registros de que, na década de 1970, Décio Pignatari e Alexandre Wollner criavam nomes para marcas. Esse serviço se refinou para atender a essa demanda de forma mais profissional e valorizada.
... elementos da marca são signos visuais ... e reforçam o posicionamento, os valores ...s atributos da marca.	A metodologia do design não mudou, mas a estratégia do branding incorpora novos elementos que contribuem para a conceituação da marca.	**[Evoluiu]** O projeto de branding orienta a criação de um desenho mais coerente com o posicionamento da marca.
...o mudou.	Não mudou.	**[Não mudou]**
...ram definidos as características verbais ... imagem e os atributos da marca Vale.	Um texto em formato de manifesto e o tom de voz determinam como deve ser a expressão verbal da marca Penalty.	**[É algo novo]** O projeto de branding define e orienta a linguagem a ser utilizada na expressão verbal da marca, reforçando o seu "jeito de ser".
... características visuais da imagem e os ...ibutos da marca Vale foram definidos ...icados em fotos, como exemplos.	Fotos e ilustrações exemplificam a linguagem visual da marca Penalty.	**[É algo novo]** O projeto de branding estabelece diretrizes para a seleção das imagens (fotos e ilustrações) a serem usadas nas expressões da marca, reforçando o seu "jeito de ser".
... etapa de "ativação da marca" foram ...senvolvidos os projetos dos subsistemas ... identidade visual, ou seja, os projetos de ...das as manifestações da marca Vale nos ...ersos níveis.	A Oz Design construiu uma estética completa para a Penalty, abrangendo os pontos de contato da marca com seus públicos mais importantes.	**[Evoluiu]** A tecnologia provocou uma expansão da quantidade de itens apresentados no projeto e agilizou o processo de desenvolvimento desses elementos.
...ou-se uma estrutura com diversas ...ramentas de gestão da marca: manuais ...rmativos e workshops com os gerentes, ...is duas ferramentas inovadoras: o Help ...sk e o Brand Center.	Foram ministrados workshops com as equipes de design e comunicação da Penalty para mostrar o conceito central e os atributos da marca.	**[É algo novo]** O branding exige e propicia maior integração entre o designer e o cliente, para que ele entenda o conceito da marca e nele se envolva. O designer propaga os conceitos da marca aos indivíduos envolvidos com o seu uso.

RESUMO DA ANÁLISE DOS
QUATRO ESTUDOS DE CASO

ESTRUTURA E FORMA DE ATUAÇÃO

	Villares (1967)	NovaDutra (1997)
Formas de apresentação	Layouts feitos manualmente. Recursos limitados. Pranchas montadas manualmente.	Layouts feitos com auxílio de *softwares* gráficos Apresentação em pranchas impressas.
Tempo de execução do projeto	Todos os quatro projetos foram desenvolvidos em longo prazo, vinculados a um escopo determinado. Portanto, cabe aqui citar a conclusão sobre o que mudou em relação ao tempo de projetos *versus* ferramentas disponíveis, e não em relação ao tempo de duração de cada projeto.	
Equipe envolvida no projeto	Designers e arquitetos.	Designers e arquitetos.
Honorários praticados	Os honorários exatos de cada projeto não foram indagados na pesquisa. Todos os profissionais confirmaram o fato de que o branding agregou valor ao projeto, possibilitando a prática de honorários mais elevados do que os praticados nos projetos sem branding.	

| ...le (2007) | Penalty (2008) | Conclusão | ■ [Não mudou] |
| | | | ■ [Mudou ou evoluiu] |
			■ [É algo novo]

...le (2007)	Penalty (2008)	Conclusão
...ayouts feitos e apresentados, na maioria, ...n meio digital. ...anchas, montagens, Brandbook e ...anuais técnicos	Layouts apresentados em meio digital. Recursos de animação valorizam as apresentações, que são mais lúdicas, envolventes e menos formais.	**[Evoluiu]** As ferramentas e os *softwares* agilizaram o processo de produção das apresentações e aperfeiçoaram os layouts e a representação visual das peças.
...dos os quatro projetos foram desenvolvidos em longo prazo, vinculados a um escopo ...terminado. Portanto, cabe aqui citar a conclusão sobre o que mudou em relação ao ...mpo de projetos *versus* ferramentas disponíveis, e não em relação ao tempo de duração ...e cada projeto.		**[Mudou]** Cronograma aumentado pela incorporação de novas tarefas da etapa de branding. Por outro lado, *softwares* reduziram o tempo de execução do trabalho de design.
...esigners, arquitetos, semiólogo, ...ofissionais de branding da Lippincott.	Equipe multidisciplinar composta por sociólogo e antropólogo integrou a etapa de branding do projeto. Na etapa do design, designers e arquitetos.	**[Evoluiu]** Equipes multidisciplinares são formadas a fim de contribuir na etapa de branding para a definição da estratégia e de conceitos para o projeto.
...s honorários exatos de cada projeto não foram indagados na pesquisa. ...dos os profissionais confirmaram o fato de que o branding agregou valor ao projeto, ...ssibilitando a prática de honorários mais elevados do que os praticados nos ...ojetos sem branding.		**[Evoluiu]** O escopo mais complexo do trabalho de branding agrega valor ao trabalho e permite a prática de honorários mais elevados do que os de projetos sem branding.

CONSIDERAÇÕES FINAIS

O branding foi introduzido como uma prática efetiva nos principais escritórios de design brasileiros especializados na construção de identidades de marca a partir de meados da década de 1990 e se consolidou nos anos 2000.

Nesse contexto, a pesquisa apresentada neste livro buscou investigar até que ponto a inclusão de uma nova disciplina (não originária do universo do design) no processo de concepção e criação de uma marca ocasionou uma mudança de paradigma na metodologia de projetos de identidade visual em relação à metodologia anteriormente adotada – primordialmente, da década de 1960 até meados dos anos 1990 – ou se foi um "desenvolvimento natural", complementar à prática até então seguida pelos designers, em razão dos rumos do mercado, da expansão da atuação do marketing ou, ainda, de uma nova visão sobre o significado da marca.

A investigação também procurou entender como ocorreu a integração entre as duas disciplinas – design e branding – nos escritórios de design pesquisados e as consequências práticas desse processo.

Para chegar às considerações conclusivas desta pesquisa, além do estudo bibliográfico, foram fundamentais as entrevistas com os profissionais titulares de escritórios especializados na construção de identidades de marca e com algumas consultorias de marca (não necessariamente dirigidas por designers), para cruzar, comparar, complementar e confrontar as informações obtidas de todas essas fontes.

A análise comparativa entre os quatro projetos de construção de identidades visuais ajudou a estabelecer conclusões e respostas às questões que foram feitas no início do trabalho: qual a contribuição do branding para o entendimento e a busca da solução mais adequada na criação da identidade visual de uma empresa? Que mudanças ocorreram na metodologia de projeto de criação de identidades visuais corporativas?

Para expor mais didaticamente as mudanças identificadas na análise mencionada, serão descritas, a seguir, as diferenças entre aquilo que se manteve igual, o que mudou ou evoluiu e o que é novo ou um novo paradigma em todo o processo de construção de uma identidade de marca em relação ao modelo anterior. Primeiramente, serão abordadas as mudanças no campo profissional. Em seguida, a metodologia adotada e, finalmente, a entrega do trabalho, isto é, os materiais entregues aos clientes nos projetos.

Considerando-se que o branding passou a ser praticado pelos escritórios de design brasileiros a partir de meados dos anos 1990, cabe destacar aqui um fato mencionado pela maioria dos designers entrevistados e que pode ter provocado naquela época o despertar dessa categoria profissional para a necessidade de ser repensado o trabalho de criação de marcas desenvolvido por eles até então: a entrega dos projetos de redesenho das identidades de marca de duas grandes empresas brasileiras – a companhia aérea Varig e o banco Bradesco – a um escritório de design norte-americano, o Landor Associates. Esse fato causou grande indignação nos designers brasileiros que atuavam no campo da identidade visual. Eles questionaram o motivo pelo qual suas empresas haviam sido preteridas para assumir tais projetos, principalmente porque tomaram conhecimento de que os valores pagos à consultoria norte-americana eram exponencialmente mais elevados do que os habitualmente cobrados no Brasil em projetos de identidade visual corporativa. A designer Ana Couto, em sua entrevista, lembra sua inquietação sobre aquela situação:

Uau! Mas por que com a Landor? Por que vocês não fazem aqui no Brasil? Liguei na época, me lembro, para os dois diretores de marketing das duas empresas, a Varig e o Bradesco. [...] E eles falaram: "Porque tem uma estrutura muito além do design, tem uma estrutura estratégica, tem toda uma entrega estratégica que ninguém está preparado para fazer no Brasil". E, de fato, o escritório na época só tinha designers. Aí eu falei: "Ah, um bom ponto, realmente a gente não tem uma equipe, não tem a formação, não tem esse serviço". (Couto, 2012)

Diante desse novo episódio, parte dos designers compreendeu que "algo mais" estava sendo entregue junto ao projeto visual, e que tanto a Varig como o Bradesco buscavam esse diferencial nos serviços que estavam contratando. De fato, havia uma prática que os escritórios brasileiros ainda não estavam habilitados a oferecer naquela época: o projeto de branding associado ao de design.

O episódio contribuiu para alertar os principais profissionais de design brasileiros de que era urgente uma mudança de atitude na oferta dos serviços de construção de identidades de marca, pois a globalização e a tecnologia eliminavam as fronteiras e encurtavam os caminhos para que as empresas tivessem acesso aos mais modernos métodos e serviços em todo o mundo. O cenário contemporâneo, comandado pela globalização, o crescimento do mercado como um todo (mais produtos e marcas disputando a atenção dos consumidores), o aumento do consumo e a tecnologia acessível exigiam uma nova postura das empresas em relação à gestão de seu patrimônio e, principalmente, de suas marcas.

Ao perceberem a necessidade de se atualizar na metodologia de construção de identidade de marca, os designers se mobilizaram por diferentes meios para se capacitar diante do desafio de incorporar o branding ao processo do design. A designer Ana Couto, por exemplo, que em 1993 voltava de uma temporada residindo nos Estados Unidos – onde fez mestrado em design no Pratt Institute –, conseguiu, a partir de 1997, estabelecer uma parceria operacional com a agência Addison para intercâmbio de conhecimento e de metodologia sobre branding. Já Ronald Kapaz (2011) passou a ler e estudar de Aaker a Nietzsche, da psicologia lacaniana à antropologia e à literatura para ampliar sua visão de mundo e entender como deveria conduzir seus projetos que exigissem tais conhecimentos.

Todos os profissionais entrevistados assumiram que seus escritórios adotam uma metodologia própria, resultante da sua experiência acumulada, somada a novos conhecimentos teóricos de branding obtidos posteriormente. Alguns escritórios – os de maior porte – incorporaram, em suas equipes, novos profissionais especializados em branding, planejamento e administração para agregarem seus conhecimentos à criação da estratégia e à gestão da marca. Nos escritórios exclusivamente compostos por designers e arquitetos, os profissionais de outras especialidades são contratados conforme a necessidade de cada projeto.

Alguns designers informaram que capacitaram seus profissionais por meio de cursos de pós-graduação especificamente direcionados a designers, como o MBA em branding das Faculdades Integradas Rio Branco, criado pelo designer e professor Antônio Roberto de Oliveira, em São Paulo. No entanto, outros profissionais entrevistados declararam que suas equipes se capacitaram mais lentamente, de forma autodidata, ao longo dos anos, dentro dos próprios escritórios em que atuavam, compartilhando conhecimento com os membros de suas equipes e estudando o tema por conta própria.

Lincoln Seragini (2012) destaca que os designers que quiserem ingressar no mercado para atuar com branding devem buscar essa formação em cursos de pós-graduação no segmento, já que as faculdades brasileiras de design não oferecem esse tipo de disciplina em suas grades curriculares.

Em relação aos honorários cobrados pelo projeto de construção de marca, todos os entrevistados concordaram que houve uma completa mudança de paradigma. A nova oferta de serviço, com escopo ampliado, aumentou o tempo do trabalho e o número de profissionais especializados envolvidos. Por ser bem mais estratégica, a atividade é mais valorizada pelo mercado, e tais fatores, consequentemente, elevaram exponencialmente os honorários praticados, tornando essa estratégia um diferencial competitivo do escritório, não somente por sua visibilidade de mercado, mas também pela própria estabilidade do negócio.

Para a designer Ana Couto (2012), a inclusão do projeto de branding reposicionou a atuação de alguns escritórios especializados em identidade de marca diante da concorrência: tanto das empresas de consultorias especializadas de marca como de outros escritórios de design que atuam no mesmo segmento. O designer Carlos Dränger (2011) concorda com essa afirmação e declara que, do ponto de vista financeiro, o branding foi importantíssimo para agregar valor ao trabalho de design de identidades de marca do seu escritório e de todo o campo do design gráfico.

Na mesma época em que a nova prática começou a se instalar no ramo do design, as ferramentas de tecnologia tornaram-se mais acessíveis a todos os profissionais do segmento: dos pequenos escritórios aos profissionais que atuavam como *freelancers* e até estudantes. A tecnologia mais acessível praticamente nivelou a infraestrutura de trabalho de todos os profissionais do mercado, e o trabalho de branding passou a ser um importante fator de diferenciação, evidenciando os escritórios habilitados a oferecer a especialidade.

Não se pode afirmar que a inclusão do branding como serviço oferecido pelos escritórios de design provocou uma mudança no perfil de seus clientes. No entanto, a maioria dos entrevistados concorda que grande parte das empresas que contratam os seus serviços de construção de marca e branding é de capital nacional, de médio a grande porte. As multinacionais, em geral, já têm sua estratégia de branding determinada pela respectiva matriz, e nesses casos o escritório de design brasileiro simplesmente dá continuidade ou faz algum tipo de adaptação nas diretrizes recebidas.

A incorporação da atividade de branding pelos designers que atuam na construção de identidades de marca ampliou e fortaleceu esse campo profissional, apresentando oportunidades de projetos mais ambiciosos e mais bem remunerados, que lhes oferecem a perspectiva de desenvolver um trabalho contínuo de gestão da marca com os clientes, trazendo estabilidade financeira ao próprio escritório.

A especialização em branding e o domínio das ferramentas de gestão de marcas não são uma condição *sine qua non* para o designer atuar no segmento. É possível trabalhar na criação de pequenos sistemas de identidade visual – no paradigma dos projetos praticados até a década de 1990 –, considerando-se a demanda do mercado de pequenas e microempresas ou de comércios locais, bem como de projetos de identidade visual para profissionais liberais, como dentistas, advogados, médicos, etc.

Escritórios de design de menor porte não capacitados em branding podem, ainda, atuar projetando identidades visuais em parceria ou prestando serviços de design para as consultorias de branding que terceirizam essa etapa do projeto. Para tanto, é necessário que o designer tenha conhecimento mínimo sobre branding, para exercer sua atividade em coerência com os princípios da consultoria contratante. As consultorias de branding Thymus e Top Brands, por exemplo, não possuem equipes internas de design. Quando têm projetos que incluem a entrega da solução de design, ambas firmam parceria com pequenos escritórios de design que, embora não façam branding, entendem seus conceitos o suficiente para complementar o trabalho das consultorias.

Do ponto de vista metodológico, é importante destacar primeiramente a questão das ferramentas de trabalho utilizadas pelos designers no dia a dia do projeto. A abertura do mercado de tecnologia no início da década de 1990 popularizou o uso dos *softwares* gráficos entre os designers, fato crucial na evolução do trabalho de design em geral, pois esses *softwares* proporcionam maior agilidade e precisão, tanto na criação dos desenhos de projeto (layouts) como na produção dos originais para reprodução (artes-finais) dos materiais desenvolvidos. Nesse contexto, pode-se afirmar que todas as etapas do trabalho de design que, de algum modo, estejam vinculadas a essas ferramentas sofreram uma evolução decorrente do uso da tecnologia, independentemente da inclusão do branding.

Já no que diz respeito ao processo de trabalho em si, a incorporação do branding ao projeto determinou a inclusão de novas etapas na metodologia para construção de marcas, o que se pode considerar uma evolução. As configurações do branding incorporam ao projeto um caráter estratégico na fase inicial (de pesquisa e diagnósticos) e nas etapas subsequentes ao projeto de design (relativas à implementação e à gestão) da marca. O projeto do novo branding da Vale é um excelente exemplo disso: a "ativação da nova marca" exigia o plano de implantação da identidade visual nova e a desinstalação da antiga. Tais atividades foram planejadas e gerenciadas por Cauduro/Lippincott com o departamento de comunicação da Vale. A última etapa desse processo foi a implementação das ferramentas de gestão da marca, a essência do branding.

Nesse contexto, foram comparadas as metodologias propagadas pelos designers na década de 1970 com as divulgadas por designers especialistas em construção de marcas e branding após meados da década de 1990. Marco Antônio Amaral Rezende, em 1979, na revista *Marketing Paulista*, dissertou sobre conceitos e práticas da identidade visual e afirmou que o processo de um programa de identidade visual é composto por três grandes etapas: plano diretor, código de identidade visual e sistema de identidade visual. As respectivas atividades previstas, segundo Rezende, estão descritas na figura 9.1.

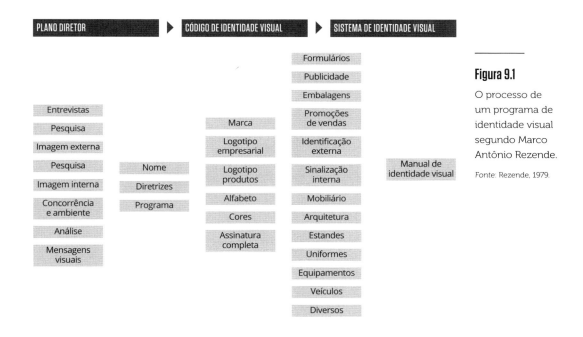

Figura 9.1

O processo de um programa de identidade visual segundo Marco Antônio Rezende.

Fonte: Rezende, 1979.

Por sua vez, João Carlos Cauduro, em 2005, declarou que um programa de identidade visual tem quatro etapas de trabalho:

- plano diretor/pesquisa e definição de diretrizes;
- criação da linguagem visual;
- desenvolvimento das mensagens visuais;
- normatização e padronização.

Mais tarde, já incluindo o trabalho de branding, a designer Alina Wheeler (2008) declarou que o processo para criar e implementar uma identidade de marca é rigoroso e demanda uma combinação de investigação, pensamento estratégico, excelência em design e habilidade no gerenciamento de projetos. Segundo ela, independentemente da natureza do cliente e da complexidade do compromisso, o processo é sempre o mesmo; e o que muda é a profundidade com que cada fase é conduzida, a extensão do tempo, os recursos que são atribuídos e o tamanho da equipe em ambos os lados: da empresa especializada em identidade e do cliente. A figura 9.2 mostra como Wheeler definiu as fases nesse processo.

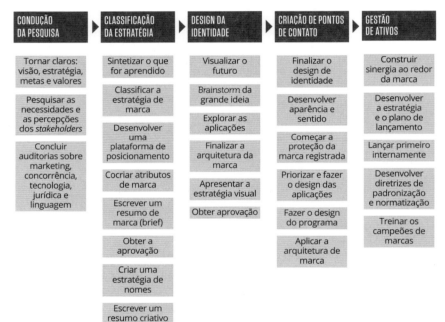

Figura 9.2
Processo de construção de uma identidade de marca segundo Alina Wheeler.
: Wheeler, 2008.

Apesar de essas declarações terem sido feitas em épocas distintas, todos os autores concordam que, comumente, o processo para a criação de uma identificação institucional é composto primeiramente por uma fase de investigação e pesquisa, seguida por uma fase de execução e implementação. Independentemente de o branding estar inserido nesse processo, de forma geral, as etapas foram mantidas. Comparando os processos descritos nas duas figuras, é possível observar que, no contexto atual – incluindo o branding –, o projeto passa a considerar questões de natureza mais estratégica e subjetiva, como desenvolver uma plataforma de posicionamento [da marca] ou, ainda, construir sinergia ao redor da marca e desenvolver a estratégia e o plano de lançamento (Wheeler, 2008).

Não é o objetivo desta pesquisa discutir a cronologia dos termos e dos conceitos relacionados a marca, identidade visual, identidade corporativa e branding, mas é importante esclarecer os respectivos significados nos contextos em que foram declarados, uma vez que, ao longo da investigação, tornou-se evidente uma mudança na concepção de alguns desses conceitos, diante do contexto pós-moderno e sob a perspectiva do branding.

Se compararmos as definições de marca enunciadas por diversos autores até o início dos anos 1990 e após meados dessa mesma década, perceberemos concepções bastante distintas. A discussão identificada ao longo da pesquisa, e já mencionada no capítulo 1 – sobre o emprego das expressões "construção de identidade de marca" e "construção de identidade visual" –, certamente está associada a uma mudança na própria concepção de marca decorrente da evolução do papel dela nas sociedades. A pós-modernidade posicionou as marcas como entidades híbridas e complexas. Nesse sentido, Andrea Semprini (2006, p. 32) compara a noção de marca nos anos de 1960 e após a década de 1990 e declara: "Nos anos 1960, o consenso geral sobre as marcas era essencialmente pragmático e genericamente modernista, nos anos 1990 torna-se ideológico e cultural".

Para a etapa investigativa de um projeto de construção de marca, o branding trouxe um olhar mais estratégico, com foco nas necessidades específicas de todos os pontos de contato de marcas e produtos, e não apenas dos clientes diretos das empresas.

O próprio conceito de branding também evoluiu. Alexandre Wollner (2011), assim como outros designers da geração pioneira entrevistados para esta pesquisa, afirmou que já fazia branding desde as décadas de 1960 e 1970, ao desenvolver projetos de identidade visual. Para eles, o "fazer branding" significa olhar a marca de uma perspectiva mais ampla, observando todas as suas manifestações visuais e expressões diante dos públicos com os quais ela se relaciona. Essa definição não pode ser considerada equivocada, porém é incompleta diante da concepção de branding atualmente entendida pelos profissionais que atuam nesse segmento.

No contexto das entrevistas realizadas nesta pesquisa com designers que incluem o branding como etapa inicial de seus projetos de identidades de marca, ficou evidente que, para esses profissionais, o branding insere uma abordagem mais filosófica sobre o significado das marcas e o papel que elas devem exercer na vida das pessoas e na sociedade em geral. Nesse sentido, segue o que foi publicado no site da Oz Design, escritório de Ronald Kapaz:

> Branding não é design e design não é branding. [...] Para responder à altura às questões complexas que determinam a construção de marcas para empresas, produtos ou serviços, não basta apenas o olhar estético, a tradução gráfica dessa marca, é preciso mais. É preciso incorporar conhecimentos ligados ao negócio em si, de dentro para fora e de fora para dentro, descobrir como nos vemos e mensurar como somos vistos e desenhar a melhor estratégia para a construção de valores relevantes para a marca e o mercado. É preciso unir, em perfeito equilíbrio, arte e ciência, humanismo e pragmatismo. (Oz Design, s.d.)

O designer Fred Gelli (2013), sócio da empresa Tátil Design de Ideias, também entrevistado para esta pesquisa, considera que o processo de branding articula as questões subjetivas e intangíveis de uma marca com as suas expressões concretas. As primeiras são os valores, a essência e o propósito dessa marca (que ele chama "dimensão da alma"), os quais são articulados com suas expressões concretas (a "dimensão do corpo"), ou seja, as expressões físicas que estabelecem o contato e o vínculo da marca com as pessoas. Sobre a importância do projeto de branding, Fred afirma que a Tátil acredita que a marca deve estar no centro da gestão de uma empresa, orientando o negócio e a construção das expressões de um modo geral, funcionando "como uma bússola" da companhia.

Os conceitos de identidade e imagem corporativa também são ocasionalmente interpretados diferentemente. Documentos e textos da década de 1970 consideram a imagem corporativa ligada às manifestações visuais (físicas) de uma marca ou empresa. Marco Antônio Rezende (1979, p. 27) já entendia que "a imagem de uma empresa é produzida através de seus contatos com seus diversos públicos, através de suas diversas formas de relacionamento pessoais ou impessoais".

Por sua vez, Costa (2004 apud Raposo, 2008, p. 17) declara que a imagem corporativa não se refere ao design ou a imagens gráficas, mas à imagem mental que o público faz de uma empresa ou organização.

As diferenças na interpretação e no emprego dos termos e expressões mencionados – "marca", "imagem da marca", "imagem corporativa" e "identidade de marca" – foram detectadas nos textos dos autores internacionais e também no cenário brasileiro, bem como nas respostas obtidas nas entrevistas. O que se verificou foi, de certa forma, um desalinhamento semântico decorrente da própria formação dos profissionais e da visão que possuem do propósito de cada atividade em si (design, marketing ou branding).

Por fim, outro aspecto investigado nesta pesquisa diz respeito à "entrega" do projeto propriamente dita. Ou seja, foram comparados os materiais entregues aos clientes nos projetos sem branding e com branding. Nesse sentido, foi identificada uma evolução na forma de apresentação dos projetos de identidade de marca. A inclusão de um novo escopo, mais abrangente, exige uma apresentação didática e clara do projeto e de seus fundamentos. As pranchas e os manuais de identidade visual anteriormente apresentados ao final do trabalho compõem, hoje, apenas uma parte da entrega do projeto de construção da marca, cuja peça mais importante e estratégica é o Brandbook.[1]

O Brandbook – ou "Livro da marca" – é um importante instrumento de apresentação da marca. Um documento que a define e a apresenta

---

1   O Brandbook é um material extremamente estratégico. Nas entrevistas desta pesquisa, o acesso a ele foi restrito. O Brandbook Penalty pôde ser reproduzido em uma versão preliminar e ilustrativa, enquanto os de outras marcas, apresentados por seus autores em entrevista, não puderam ser manuseados ou fotografados pela autora deste livro em virtude do compromisso de sigilo entre os designers e seus clientes.

como um organismo vivo dotado de personalidade, atributos e linguagem própria. Nessa perspectiva, os Brandbooks estabelecem as linguagens pelas quais a marca deve se manifestar perante seus públicos, tanto no aspecto visual – e iconográfico – como no de sua expressão verbal. Apresentam a essência da marca, seus valores e os atributos que devem ser trabalhados dentro do seu conceito e posicionamento.

Frequentemente o Brandbook é considerado por muitos profissionais de marketing, comunicação e design como uma evolução dos tradicionais manuais de identidade visual das marcas. Nesse sentido, é correto falar em evolução, pois os Brandbooks são mais abrangentes do que os manuais de identidade visual, tanto no conteúdo quanto na forma. Possuem uma linguagem mais envolvente, próxima e informal do que os antigos manuais e têm um caráter muito mais conceitual do que normativo.

Conforme publicado no site da consultoria de marcas Interbrand (2013), "um Brandbook é um guia que apresenta o mundo da marca de um jeito simples e claro. A marca é a protagonista dessa história, que se passa em um universo construído para inspirar e instigar e que transporta o leitor para uma experiência". O texto afirma, ainda, que um Brandbook não é a mesma coisa que um manual de identidade visual. Ele deve ser um material que desperte a criatividade, crie admiração e convide à leitura. Assim como os manuais de identidade visual ou guias de aplicação, o Brandbook pode conter regras técnicas de aplicação da marca, mas seu objetivo principal é engajar. Pode ser apresentado em diferentes formatos e plataformas: de um livro impresso a aplicativos digitais ou sites animados. Pode, ainda, conter peças que ajudam a traduzir o universo da marca. O texto da Interbrand estabelece, ainda:

> O importante é que ele cumpra sua missão de criar interação e vivência. [...] Cada Brandbook é construído de maneira diferente e varia muito, dependendo da personalidade da marca. Mas, de forma geral, o que constitui um Brandbook são as diretrizes visuais e verbais da marca. Reunimos itens como estilo fotográfico, texturas e ilustrações, tom de voz e *consumer portrait*, tudo para contar de maneira clara o que é que essa marca quer dizer. (Interbrand, 2013)

Já segundo o site do escritório de Ana Couto,

> o Guia de *Branding* compartilha a estratégia da marca, a Plataforma da Marca e as propriedades de seu Universo Visual e Verbal para que sejam disseminadas de forma consistente. [...] Deve ser utilizado por todos os públicos comprometidos com a construção da marca: agências de publicidade, departamento de RH, líderes e executivos da empresa. (Ana Couto Branding, s/d.)

Ao analisar a entrega feita nos projetos de construção de marca e branding, o que enfim se observa é um projeto mais completo e consistente, que fornece ao cliente um conjunto de conceitos e atributos relacionados aos significados que a marca possui, guarnecidos também pela estruturação de suas manifestações visuais e verbais, de forma integrada e organizada. O sistema de identidade visual passa a ser um dos componentes da identidade da marca, o qual, anteriormente, era o projeto por excelência.

Finalmente, esta pesquisa procurou demonstrar que a inclusão do branding nos escritórios de design – no mundo e no Brasil – ocasionou uma "evolução" no projeto de marcas, dentro das finalidades que o mercado demandava para esse campo profissional, abrindo oportunidades de negócios mais complexos e financeiramente rentáveis para escritórios e profissionais da área e ampliando a perspectiva da própria atividade (de construção de identidades de marca), que incorporou *expertises* e conhecimentos que agregam valor ao trabalho realizado pelos designers e contribuem para o reconhecimento e a valorização da categoria profissional por todo o mercado.

A metodologia de identificação institucional defendida por Chaves (2008) e o processo de construção de identidade de marca apresentado por Alina Wheeler (2008) propõem um aprofundamento nas questões estratégicas e internas da empresa, podendo chegar a uma interferência direta nas diretrizes e nas políticas de gestão da corporação, que reposicionam o papel do designer nesse processo. Assim, o designer João de Souza Leite declara:

> Décadas atrás, a noção de design corporativo lidava com uma visão abrangente do negócio: envolvia grandes sistemas, a racionalização de processos e a garantia de unidade formal nas manifestações visuais da empresa. [...] O designer assumia o papel de um grande coordenador desses aspectos dos problemas de design. Hoje, diferentemente, cabe ao designer a interpretação de dados de outras naturezas, cabe a ele integrar uma equipe em igual condição de manifestação, lateralmente aos gestores de marketing, aos gestores financeiros, entre tantos outros, e saber relacionar as questões de design à gestão da empresa, sob o ponto de vista da criação de significados concretos e simbólicos, dos termos financeiro e de risco, da economia, da inserção da empresa no mercado, etc. Saber analisar e influir num plano de negócio passa a ser o novo patamar do design. Saber que existe uma dimensão financeira e de risco, por envolver o comportamento das pessoas. (Leite, 2003, p. 33)

A determinação da estratégia pode, contudo, orientar e inspirar a criação de um signo mais coerente com o posicionamento da marca, colaborando também para a construção de uma estética simbólica completa que atinja os pontos de contato da marca e seus públicos mais importantes.

A metodologia para a criação de uma marca gráfica, em linhas gerais, é a mesma que se praticava desde a década de 1960. Na análise do processo de construção de "marca" (considerando-se que marca não é uma expressão e representação estritamente visual), pode-se concluir que houve um desenvolvimento e um aumento no grau de complexidade dos projetos a partir da introdução do branding. A problemática da identidade visual se ampliou em direção à da identidade corporativa e, posteriormente, à da gestão da marca – ou o branding. Diante dessa nova realidade, cabe ao designer a responsabilidade de pensar estrategicamente e agir multidisciplinarmente para encontrar as soluções adequadas para o projeto.

Assim, conclui-se que o principal paradigma modificado é a noção de construção da identidade de marca que é expressa pela inclusão de novas etapas, que implicam o aumento da complexidade do projeto e, consequentemente, dos honorários praticados: inicialmente, a criação da estratégia de posicionamento da marca, que requer uma abordagem filosófica, justificada pela ênfase na dimensão imaterial e cultural da marca, inerente ao contexto pós-moderno; e a etapa de gestão da marca propriamente dita, que permite ao designer ser coadjuvante do real gestor – o cliente – após a implementação do projeto.

Algumas investigações podem surgir como desdobramentos desta pesquisa, as quais poderiam ter as seguintes questões centrais aqui não contempladas:

- Seria possível o desenvolvimento de um projeto de branding voltado para pequenas empresas?
- Quais as diferenças, do ponto de vista metodológico, entre um projeto de branding no segmento cultural – que está se desenvolvendo atualmente no Brasil – e o tradicional projeto de branding corporativo? E como essa nova segmentação pode ampliar as oportunidades de atuação no campo do design?

Espero que o olhar desta pesquisa para a inclusão do branding no contexto do design de identidades de marca – um paradigma relativamente recente nesse campo profissional – contribua para diversificar o cenário atual do mercado do design gráfico brasileiro e abra novas perspectivas de trabalho a todos os estudantes de design e/ou profissionais que atuam nessa especialidade, dos já experientes aos novos ingressantes.

REFERÊNCIAS

AAKER, David A. *Construindo marcas fortes*. São Paulo: Artmed, 2007.

_____. *Marcas: Brand Equity gerenciando o valor da marca*. São Paulo: Elsevier, 1998.

ASSOCIAÇÃO BRASILEIRA DE DESENHO INDUSTRIAL. *Panorama da identidade visual*. Seminário Panorama da Identidade Visual, ADBI/Masp, São Paulo, 1977.

ASSOCIAÇÃO DOS DESIGNERS GRÁFICOS. *ABC da ADG: glossário de termos e verbetes utilizados em design gráfico*. São Paulo: ADG, 2000.

BAUMAN, Zygmunt. *Modernidade líquida*. Rio de Janeiro: Jorge Zahar, 2001.

BOGAN, Christopher E. & ENGLISH, Michael J. *Benchmarking: aplicações práticas e melhoria contínua*. São Paulo: Makron Books, 1996.

BOMFIM, Gustavo Amarante; NAGEL, Klaus-Dieter & ROSSI, Lia M. *Desenho industrial: proposta para reformulação do currículo mínimo*. Dissertação de mestrado. Rio de Janeiro: Programa de Engenharia de Produção COPPE/UFRJ, 1978.

BORGES, Adelia. "Alexandre Wollner, o mago da identidade visual das empresas: marcas na dimensão do homem". Em *Gazeta Mercantil*, São Paulo, 20-8-1999.

_____. "Wollner: três décadas com bem mais que 'marquinhas'". Em *Design&Interiores*, n⁰ 9, São Paulo, jul.-ago. de 1988.

CAMEIRA, Sandra Ribeiro. "História e conceitos da identidade visual nas décadas de 1960 e 1970". Em BRAGA, Marcos da Costa & MOREIRA, Ricardo Santos (orgs.). *Histórias do design no Brasil*. São Paulo: Annablume, 2012.

CARDOSO, Rafael. *Uma introdução à história do design*. 3ª ed. São Paulo: Edgard Blucher, 2008.

CHAVES, Norberto. *La imagen corporativa: teoría y práctica de la identificación institucional.* Barcelona: Editorial Gustavo Gilli, 2008.

COSTA, Joan. *A imagem da marca: um fenômeno social.* São Paulo: Rosari, 2011.

FASCIONI, Ligia. *DNA empresarial: identidade corporativa como referência estratégica.* São Paulo: Integrare, 2010.

_____. *Índice de Fidelidade à Identidade Corporativa: uma medida entre ser e parecer.* 3º CIPED/ANPED 2005. Disponível em http://www.ligiafascioni.com.br/site_novo/arquivo/artigo_IFIC_aend.pdf. Acesso em 8-6-2009.

GARCIA, Hernan Carlos W. S. *VkhUTEMAS / VKhUTEIN Bauhaus. Hochschule für Gestaltung Ulm: experiências didáticas comparadas.* 2001. Dissertação de mestrado. São Paulo: Programa de Pós-graduação da FAU-USP, 2001.

GOBÉ, Marc. *A emoção das marcas: conectando marcas às pessoas.* Rio de Janeiro: Campus, 2002.

GOMES FILHO, João. *Gestalt do objeto: sistema de leitura visual da forma.* 6ª ed. São Paulo: Escrituras, 2004.

GUIMARÃES, Ricardo. "Branding: criação de valor em cenários turbulentos". Em *Rio Design Indústria*, s.d. Disponível em http://www.thymus.com.br/i_artigo.asp?idNoticias=308. Acesso em 13-1-2013.

_____. "Branding: uma nova filosofia de gestão". Em *Revista da ESPM*, 10 (2), São Paulo, 2003.

JORGE, Mariana Aiex. *O redesenho de sistemas de identidade visual brasileiros da escola racionalista de design dos anos 1960.* Dissertação de mestrado. São Paulo: Programa de Pós-graduação da FAU-USP, 2009.

IDENTIDADE CORPORATIVA/VILLARES. Em *Acrópole*, 390/391, nov.-dez. de 1971.

INTERBRAND. "5 perguntas de elevador sobre brandbook", 23-3-2013. Disponível em www.interbrandsp.com.br/5-perguntas-de-elevador--sobre-brandbook. Acesso em 26-8-2016.

_____. Glossário de marcas – inglês-português. Porto Alegre: Bookman, 2008.

KAPFERER, Jean-Noël. As marcas, capital da empresa: criar e desenvolver marcas fortes. Porto Alegre: Bookman, 2003.

KLEIN, Naomi. Sem logo: a tirania das marcas em um planeta vendido. Rio de Janeiro: Record, 2004.

KOTLER, Phillip. Marketing Management: Analysis, Planning, Implementing and Control. 7ª ed. Londres: Prentice-Hall International, 1991.

LEITE, João de Souza. "Símbolos e logotipos: os valores que verdadeiramente importam". Em Revista da ADG, nº 27, São Paulo, 2003.

_____ & TABORDA, Felipe. A herança do olhar: o design de Aloísio Magalhães. Rio de Janeiro: Artviva, 2003.

LEON, Ethel. "Os arquitetos do design total". Em Design&Interiores, nº 16, São Paulo, 1989.

LIPOVETSKY, Gilles. A era do vazio: ensaios sobre o individualismo contemporâneo. São Paulo: Manole, 2005.

LÖBACH, Bernd. Design industrial: bases para a configuração de produtos industriais. São Paulo: Edgard Blücher, 2001.

LONGO JÚNIOR, Celso Carlos. Design total: Cauduro Martino, 1967-1977. Dissertação de mestrado. São Paulo: Programa de Pós--graduação da FAU-USP, 2007.

LUPTON, Ellen & MILLER J. Abbott (orgs.). ABC da Bauhaus: a Bauhaus e a teoria do design. São Paulo: Cosac Naify, 2008.

MARTINO, Ludovico A. Codificação e decodificação: programa de identidade visual Villares. Tese de doutorado. São Paulo: FAU-USP, 1972.

MARTINS, Daniel Raposo. "A marca como ideal de vida", outubro de 2005. Disponível em http://www.designgrafico.art.br/comapalavra/marcaidealdevida.htm. Acesso em 30-6-2009.

MARTINS, José Roberto. *A natureza emocional da marca: como encontrar a imagem que fortalece sua marca.* São Paulo: Negócio, 1999.

_____. *Branding: um manual para criar, gerenciar e avaliar marcas.* São Paulo: Global Brands, 2006.

MEGGS, Philip B. & PURVIS, Alston W. *História do design gráfico.* São Paulo: Cosac Naify, 2009.

MELO, Chico Homem de. *O design gráfico brasileiro: anos 60.* São Paulo: Cosac Naify, 2006.

_____. *Signofobia.* São Paulo: Rosari. 2005.

_____ & RAMOS, Elaine (orgs). *Linha do tempo do design gráfico.* São Paulo: Cosac Naify, 2011.

MOREIRA, Ricardo Santos. *Revisões nos sistemas de identidade visual corporativa de marcas brasileiras: uma análise crítica.* Dissertação de mestrado. São Paulo: Programa de Pós-graduação da FAU-USP, 2009.

NEUMEIER, Marty. *The Brand Gap.* Porto Alegre: Bookman, 2008.

OLINS, Wally. *Corporate Identity: Making Business Strategy Visible through Design.* Londres: Thames & Hudson, 1989.

OLIVEIRA, Antonio Roberto de. *Metrópole, restaurante, identidade visual.* Dissertação de mestrado. São Paulo: Programa de pós-graduação da FAU-USP, 1999.

PEREZ, Clotilde. *Gestão e semiótica da marca: a publicidade como construção e sustentação sígnica.* XXX Intercom 2007 – VII Encontro dos Núcleos de Pesquisa em Comunicação NP Publicidade e Propaganda. Disponível em http://www.intercom.org.br/papers/nacionais/2007/resumos/R1644-1.pdf. Acesso em 29-6-2009.

_____. *Signos da marca: expressividade e sensorialidade*. São Paulo: Pioneira Thomson Learning, 2004.

PETRELLI, Marco Aurélio et al. *A implantação de uma ferramenta para determinação do conceito de marca*. Congresso Internacional de Pesquisa em Design, Rio de Janeiro, out. de 2007. Disponível em http://www.anpedesign.org.br/artigos/pdf. Acesso em 10-7-2009.

_____. *O branding e sua relação com o design gráfico*. Congresso Internacional de Pesquisa em Design, Rio de Janeiro, out. de 2007. Disponível em http://www.anpedesign.org.br/artigos/pdf. Acesso em 29-6-2009.

RAPOSO, Daniel. *Design de identidade e imagem corporativa: branding, história da marca, gestão de marca, identidade visual corporativa.* Castelo Branco: Edições IPCB, 2008.

REDIG, Joaquim. "O mestre Aloísio Magalhães". Em *Design&Interiores*, nº 12, São Paulo, 1989.

REZENDE, Marco Antônio Amaral. "Identidade visual: conceitos e práticas". Em *Marketing Paulista*, nº 65, março de 1979.

SANTAELLA, Lucia. *Semiótica aplicada*. São Paulo: Thomson Learning, 2005.

SEMPRINI, Andrea. *A marca pós-moderna: poder e fragilidade da marca na sociedade contemporânea*. São Paulo: Estação das Letras, 2006.

SERAGINI, Lincoln & GUARDADO, Sérgio. "Habitat de Marca: branding brasileiro". Em *Revista da ESPM*, (10) 2, São Paulo, 2003.

STOLARSKI, André. "A identidade visual toma corpo". Em MELO, Chico Homem de (org.). *O design gráfico brasileiro: anos 60*. São Paulo: Cosac Naify, 2006.

STRUNCK, Gilberto Luiz Teixeira Leite. *Como criar identidades visuais para marcas de sucesso: um guia sobre o marketing das marcas e como representar graficamente seus valores*. Rio de Janeiro: Rio Books, 2001.

_____. "Um novo olhar sobre o design gráfico". Em *Estudos em Design*, número especial Anais do VI ENED, 2007.

UND CORPORATE DESIGN. "The Branding Bubble", s.d. Disponível em www.und.com.br/pensamentos.html. Acesso em 3-3-2012.

WHEELER, Alina. *Design de identidade de marca: um guia completo para a criação, construção e manutenção de marcas fortes*. Porto Alegre: Bookman, 2008.

Sites[1]

www.anacouto.com.br.
www.anpedesign.org.br.
www.brandingemarcas.com.br.
www.cauduroassociados.com.br.
www.crama.com.br.
www.diacm.com.br.
www.epigram.com.br.
www.esdi.uerj.br.
www.espm.br.
www.foroalfa.org.
www.futurebrand.com.
www.globalbrands.com.br.
www.interbrand.com.
www.landor.com.
www.ligiafascioni.com.br.
www.lippincott.com.
www.ozdesign.com.br.
www.pvdi.com.br.
www.seraginifarne.com.br.
www.tatil.com.br.
www.thymus.com.br.
www.topbrands.com.br.
www.unddesign.com.br.

---

1   Os sites foram consultados entre 2010 e 2013, período da pesquisa que resultou neste livro.

Entrevistas

Alexandre Wollner, 14-12-2011.

Ana Couto, 26-12-2012.

Antônio Roberto de Oliveira, 23-12-2011.

Carlos Dränger, 8-11-2011.

Cesar Hirata, 14-3-2013.

Fred Gelli, 12-3-2013.

Gilberto Strunck, 27-10-2011.

Hugo Kovadloff, 6-12-2011.

João Carlos Cauduro, 6-9-2012.

Laura Garcia Miloski, 27-10-2011.

Lincoln Seragini, 6-2-2012.

Marcelo Bicudo, 23-12-2011.

Marco Antônio Amaral Rezende, 13-1-2012.

Marcos Machado, 14-12-2011.

Nair de Paula Soares, 2-12-2012.

Nelson Graubart, 11-3-2013.

Norberto Chamma, 31-10-2011.

Rafael Rodrigues, 2-12-2012.

Ricardo Guimarães, 15-12-2012.

Ricardo Leite, 9-1-2012.

Ronald Kapaz, 30-11-2011 e 9-3-2012.

Sonia Valentim, 16-1-2013.